PARADOX

P패러독스란 무엇인가?

손병홍 지음

A

R

A

D

O

X

PARADOX

차례

머리말

“표면적으로는 모순적이고 불합리하지만, 사실은 그 속에 진실을 담고 있는 말.”

국어사전에서 찾아본 '패러독스(Paradox)'의 번역어인 ‘역설(逆說)’에 대한 정의이다. 그러나 이것은 패러독스의 근본 성격이 제대로 드러나지 않는 잘못된 설명이다. 패러독스의 대부분은 참일 수 없는 모순명제이거나 명백하게 거짓인 명제이기 때문이다. 한 예로 제논의 ‘화살의 패러독스’에 따른 주장은 “날아가는 화살은 날지 않는다.”이다. 이 명제는 모순명제이다. 따라서 화살의 패러독스에 따른 주장 자체는 논리적 거짓이고, 항상 거짓일 수밖에 없는 명백하게 거짓인 명제에 불과하다. 화살의 패러독스의 근본적 성격을 드러내어 그 중요성을 알아내기 위해서는 ‘날아가는 화살은 날지 않는다.’는 모순적인 주장을 가능하게 한 근거를 찾아내야 한다. 하나의 주장과 그 주장을 정당화하기 위한 증거로 제시된 근거들을 언어로 표현한 것이 논증이다. 따라서 패러독스의 근본 성격을 파악하기 위해서는 패러독스를 논증의 형태로 재구성하여 분석해야 한다. 하나의 예를 통해 이에 대해 살펴보겠다.

어리석을 정도로 만사를 진지하게 대하는 사람인 A가 "우주는 끝이 있지도 없지도 않다."고 주장했다고 하자. 이 말은 모순명제이다. 따라서 아무런 근거도 없이 A가 이 말을 했다면 그의 주장은 일고의 가치도 없는 명백하게 거짓인 명제에 불과하다. 그러나 만약 그가 자신의 주장을 정당화시키는 일정한 근거를 가지고 이러한 주장을 했고, 이 근거가 어느 정도 설득력이 있다면 사정은 달라진다. A가 자신의 주장을 정당화 시키는 근거를 아래처럼 제시했다고 하자.

"우주는 존재하는 모든 것을 포함하므로 우주에 끝이 있다면 그 끝의 바깥은 아무 것도 존재하지 않는 무(無)일 것이다. 그렇다면 우주는 무(無) 속에 있는 것이다. 그러나 이것은 존재하는 모든 것(있는 것)은 무(없는 것無) 속에 있을 수 없을 것이라는 믿음과 모순된다. 따라서 우주는 끝이 있을 수 없다.

또한 우주에 끝이 없다면 우주는 무한한 크기를 가진다. 우주는 존재하고 모든 존재하는 것들은 무한한 크기를 가질 수 없다. 따라서 우주는 끝이 없을 수 없다."

A는 자신의 주장을 정당화하기 위한 근거를 제시했으므로 A는 일종의 추론을 한 것이다. A의 추론을 언어로 구체화시키면 아래의 논증으로 표현된다.

우주에 끝이 있다면 그 끝(경계)의 바깥은 무(無)일 것이므로 우주는 무(無) 속에 존재한다.
존재하는 모든 것은 무(無) 속에 존재할 수 없다.
우주에 끝이 없다면 우주의 크기는 무한하다.
우주를 포함하여 실제로 존재하는 모든 것들은 무한한 크기를 가질 수 없다.

∴ 우주는 끝이 있을 수도 없을 수도 없다.

앞의 논증은 근거로 제시된 3개의 전제들과 A의 주장인 결론으로 구성되어 있다. 전제들을 모두 참이라 간주하면 결론도 참일 수밖에 없으므로 A는 논리적으로 좋은 논증이다. 따라서 만약 전제들을 구성하고 있는 명제들이 실제로 참으로 간주될 수 있을 정도로 설득력을 가지고 있다면 A는 우리에게 패러독스로 간주될 수 있는 하나의 예를 제시한 셈이다.

역리적인 결론을 도출한 A의 추론은 논리적으로 하자가 없어 보이므로 A가 제공한 어려움으로부터 벗어나는 방법은 근거로 제시된 전제들이 옳지 않다는 것을 보이는 것이다. 천체물리학자들이 보기에 유치하기 짝이 없을 A의 주장을 정당화하기 위한 근거로 제시된 전제들 각각은 겉으로는 그럴듯해 보일지 모른다. 그러나 그들은 실제로 거짓이거나 최소한 논란의 대상이 될 만한 명제들이다. 우선 첫 번째와 두 번째 전제에 나오는 '무(無) 속에 존재한다.'는 모순적인 표현이다. '무(無) 속에 존재한다.'는 '있지 않은(없는) 것 속에 있다.'는 말이기 때문이다. 나머지 두 전제들은 지극히 형이상학적인 명제들로 최소한 쉽게 참으로 간주될 수 없는 명제들이다. 따라서 A의 주장은 진정한 의미에서 패러독스로 간주될 수는 없을 것이다.

앞에서 살펴보았듯이 패러독스가 구체적인 논증으로 명확하게 표현되었을 경우에 패러독스는 그 근본적 성격을 드러낸다. 이 책의 2장에서 필자는 논증의 형태로 분석하여 패러독스를 설명하였다. 이 설명에 따르면 패러독스는 세 가지 경우로 구분된다. 앞에서 본 A의 경우는 전제들이 실제로 참이 아닌 두 번째 경우에 해당한다 할 수 있다.

우리들이 지적 게임의 대상으로 즐기는 퍼즐들과 마찬가지로 패러독스는 지적 흥미의 대상이다. 그러나 일반적인 퍼즐들과 달리 패러독스들은 심각한 철학적 · 논리적 문제점들을 제기한다. 역사적으로 볼 때 패러독스들은 우리들의 사고체계 내에 존재하는 심각한 문제점과 이에 따른 위기를 드러내 주었다. 러셀이나 콰인과 같은 저명한 철학자들에 의해 우리들의 지적 사고 행위와 관련된 패러독스의 중요성이 강조되었다. 한 예로 콰인은 "패러독스의 발견은 우리가 가진 사고체계의 기초를 새로이 구축하는 계기가 되었다."고 패러독스의 중요성에대해 언급하고 있다. 이 책의 집필 목적은 이처럼 중요하고 흥미로운 패러독스들에 대한 명확한 이해를 얻는데 있다. 앞에서 언급했듯이 필자는 패러독스들은 논증의 형태로 재구성되어 분석되었을 때에만 그 내용과 근본적 성격이 명확히 드러난다고 생각한다. 이러한 생각에 따라 이 책에서는 다루는 거의 모든 패러독스들을 논증으로 재구성하여 분석하려 시도하였다.

이 책을 읽는 독자들을 위해 몇 마디만 덧붙이겠다. 집합과 관련된 패러독스와 의미론과 관련된 패러독스의 두 종류로 구분하는 것이 패러독스에 대한 전통적인 구분방식이다. 그러나 이러한 구분은 지나치게 인위적이고 패러독스에 대한 올바른 이해에도 도움이 되지 않을 것이라 생각된다. 필자도 이 책의 3

장부터 8장까지 다섯 장에서 패러독스를 다루고 있지만, 편의상 그랬을 뿐 패러독스를 다섯 가지로 구분하려는 의도는 아니라는 것을 밝혀 둔다. 칸토어의 집합이론과 관련된 장들인 4장과 5장에서 대수학과 관련된 일부의 명제들이 유사패러독스란 이름으로 다루어지고 있다. 여기서 다루어지는 유사패러독스들은 패러독스가 아니다. 이들은 대수학에 따르면 참이지만 상식에 어긋나는 경우들이므로 유사패러독스라 명명한 것에 불과하다.

필자의 전공은 논리학과 영미분석철학이다. 정년을 몇 년 앞둔 지금까지 이 두 분야를 연구하고 강의해 왔다. 유학 중 논리학과 수학의 기초와 관련된 세미나 과목들을 통해 연구한 것을 제외하면 필자는 수학에 문외한이라 할 수 있다. 따라서 이 책에서 다루어지는 수학과 관련된 논의에 적지 않은 오류가 있으리라 생각된다. 전문 학자들의 신랄한 학문적 비판과 독자들의 애정 어린 질책을 기대한다. 끝으로 도서출판 장서원의 장석홍 사장께 감사드리며 이 책이 후학들의 패러독스에 대한 올바른 이해에 조그마한 도움이 될 수 있기를 바란다.

춘천에서

손병홍

1장-논리학과 논증

어원적으로 보면 논리학(Logic)은 제반 학문이 학문으로 성립하기 위한 근거를 제공하는 학문이라 할 수 있다. 지질학(Geology), 기상학(Meteorology), 심리학(Psychology), 사회학(Sociology), 천체론(Uranology) 등 제반 학문의 이름에서 '학문'이나 '이론'을 뜻하는 'logy'는 'logos'에서 유래된 용어인데 어원적으로 논리학(Logic)은 'logos'의 학을 의미하기 때문이다. 어원적으로만이 아니라 실제로도 제반 학문에서의 학문 활동에는 논리적인 요소가 필수적으로 요구되는 것으로 보인다. 제반 학문에서 자신의 이론이나 주장은 기존의 이론이나 학설과 같은 자신이 받아들이는 명제로 부터의 추론과정을 거쳐 이루어지는 것인데 논리학이 수행하는 대표적인 역할은 추론을 구체적인 언어로 표현한 논증을 평가하는 비판적이고 합리적인 표준을 마련하여 좋은 논증과 나쁜 논증을 구별해 주는 것이기 때문이다.[1] 학문 활동에서만이 아니라 주장이나 판단과 같이 인간이 수행하는 언어행위의 대부분은 명제들로부터 다른 명제를 이끌어 내는 심리적 과정인 추론에 의해 이루어진다.

우리들이 수행하는 대부분의 언어행위는 추론에 의해 이루어지고 추론을 언어로 구체적으로 표현한 것이 논증이라는 것을 하나의 예를 통해 살펴보겠다. 야구선수 류현진의 열렬한 팬인 K는 류현진의 나이가 만으로 27세라는 소식을 듣고 "류현진은 적어도 15년 이내에 현역에서 물러날 것이다"라는 판단을 했다고 하자. 이 경우 K의 판단은 아마도 자신이 믿고 있는 "대부분의 야구선수들은 40세 이전에 야구선수로서 현역에서 은퇴한다."는 명제와 "류현진의 나이는 만 27세이다."라는 명제로부터 추론되었을 것이다. 논증이란 명제들로부터 다른 명제를 이끌어 내는 심리적 과정인 추론을 언어로 구체적으로 표현한 것이다. 따라서 K의 판단을 이끌어 낸 추론과정은 아래처럼 논증으로 표현될 수 있다.

A. 대부분의 야구선수들은 40세 이전에 현역에서 은퇴한다.
그런데 야구선수 류현진의 나이는 만 27세이다. 따라서
그는 적어도 15년 이내에 현역에서 은퇴할 것이다.

논증 A는 3개의 명제들로 구성되어 있다. A에서 K가 주장하고자 하는 명제는 "류현진은 15년 이내에 은퇴할 것이다."이다. 이 명제를 ⓒ라 하면 A에서 ⓒ외의 다른 두 명제인 "대부분의 야구선수들은 40세 이전에 현역에서 은퇴한다."와 "야구선수 류현진의 나이는 만 27세이다."는 ⓒ를 지지하거나 증거로서 제시된 명제들이다. 따라서 하나의 논증을 구성하는 명제들 중 다른 명제들에 의해 지지받거나 다른 명제들을 증거로 삼고 있

는 명제를 결론이라 하고 결론을 지지하거나 결론을 정당화시키기 위한 증거로 제시된 명제를 전제라 한다면 논증은 아래처럼 정의될 수 있다.

1)

하나의 논증이란 전제들과 결론으로 구성된 명제들의 집합이다.[2)]

(한 논증의 전제는 결론을 지지하거나 결론을 정당화하기 위한 증거로 제시된 명제이다. 한 논증의 결론은 논증의 주된 주장으로 자신의 정당화를 위해 논증을 구성하는 다른 명제들을 증거로 삼거나 그들에 의해 지지되는 명제이다.)

전제들과 결론을 수평선으로 구분하면 논증의 정의 1)은 아래처럼 도식으로 나타낼 수 있다.

2)

P1

P2 여기서 P1,....,Pn은 전제들이고 C는 결론이다.

P3

.

.

.

Pn

―――――――

C

K의 판단을 언어로 구체적으로 표현한 논증인 A는 2)에 따

라 아래처럼 도식으로 나타낼 수 있다.

B. 1. 대부분의 야구선수들은 40세 이전에 야구선수로서 현역에서 은퇴한다.
2. 류현진은 현역 야구선수이다.
3. 류현진의 나이는 27세이다.

C. 류현진은 15년 이내에 야구선수로서 현역에서 물러날 것이다.

앞에서 언급했듯이 논리학이 수행하는 대표적 역할은 논증을 평가하는 기준을 마련하여 좋은 논증과 나쁜 논증을 구분하는 것이다. 논증은 전제들과 결론으로 구성되어 있다. 따라서 한 논증이 논리적으로 좋은 논증이기 위해서는 전제들과 결론 사이에 적절한 논리적 관계가 성립해야 한다. 논리학에서 전제들과 결론 사이의 논리적 관계를 분석하여 논증을 평가하는 기준은 "타당성"과 "개연성"이다.

3)

타당성: 한 논증 A는 타당하다 iff A의 전제들이 모두 참이고 동시에 결론이 거짓일 가능성이 없다. (전제들을 참이라고 가정하면 결론도 반드시 참이어야 한다.)

개연성: 한 논증 A는 개연성이 높다 iff A의 전제들을 모두 참이라 가정하면 결론도 참일 가능성이 높다.[3)]

‘타당성(Validity)’은 정도를 허용하지 않는 개념이다. 3)에 따르면 한 논증이 타당하면 전제들이 참일 경우 결론도 반드시 참이기 때문이다. 반면에 개연성이 높은 논증의 경우에는 전제들을 참이라 가정하면 결론이 참일 가능성이 높을 뿐 거짓일 가능성이 있으므로, ‘개연성(Probability)’은 정도를 인정하는 개념이다. 따라서 한 논증의 개연성이 아무리 높아도 그 논증은 타당하지 않다.

일반적으로 타당성은 형식적 체계화를 중시하는 연역논증을, 개연성은 귀납적 일반화를 중시하는 귀납논증을 평가하는 기준으로 간주되고 있다. 그러나 어떠한 논증의 경우에도 타당성과 개연성이라는 두 기준이 모두 적용될 수 있다는 것을 고려할 때 이 구분은 적절하지 않은 것으로 보인다. 3)에서 볼 수 있듯이 타당성과 개연성은 논증을 평가하는 서로 다른 잣대일 뿐이고 이 두 잣대는 어떠한 논증에도 공히 적용될 수 있다.

K의 판단을 논증으로 나타낸 B에 논증을 평가하는 두 기준을 적용시켜 보겠다. 대부분의 야구선수가 40세 이전에 은퇴하지만 류현진은 40세 이후에도 은퇴하지 않는 야구선수들에 속할 가능성이 있으므로 B의 전제 1과 2와 3을 모두 참이라 가정해도 결론이 거짓일 가능성이 있다. 따라서 B는 타당하지 않은 논증이다. 그러나 개연성의 기준으로 볼 때 B는 개연성이 높은 논증이다. 대부분의 야구선수들은 40세 이전에 은퇴하므로 류현진이 40세 이전에 은퇴하는 야구선수일 가능성이 높을 것이기 때문이다. 따라서 논증 B는 타당하지는 않지만 개연성이 높은 논증이다. 개연성이 높은 모든 논증은 타당성의 기준으로 볼 때는 타당하지 않으므로 논증은 아래처럼 구분될 수 있다.

4)

타당한 논증

논증<　　　　　　　　　　　　　　　　개연성이 높은 논증

부당한(타당하지 않은) 논증<

개연성이 높지 않은 논증

논증을 평가하는 두 기준에 대한 정의인 3)이 실제로 어떻게 적용되는 가를 아래에 열거된 논증들을 사용하여 살펴보겠다.

C1. 모든 한국남자들은 아인슈타인 보다 IQ가 높다.
개그맨 심형래는 한국남자이다.

개그맨 심형래는 아인슈타인보다 IQ가 높다.

C2. 모든 인간은 살아있는 유기체이다.
모든 한국의 대학생들은 살아 있는 유기체이다.

모든 한국의 대학생들은 인간이다.

C3. 지금까지 해는 동쪽에서 떴다.

내일도 해는 동쪽에서 뜰 것 이다.

전제들을 모두 참이라 가정하면 결론도 반드시 참일 것이므로, C1은 전제들이 참이고 결론이 거짓일 가능성이 없어야 한다는 타당성의 조건을 만족시키고 있다. 따라서 C1은 타당한 논증이다. 그러나 C1을 실제로 좋은 논증이라 할 수는 없을 것이다. 첫 번째 전제와 "개그맨 심형래는 아인슈타인보다 IQ가 높다."는 결론은 명백한 거짓일 것이기 때문이다. 논증과 관련해서 논리학은 전제들과 결론 사이의 관계를 다루는 학문이지 논증을 구성하는 명제들이 실제로 참인지 여부를 다루는 학문이 아니다. 따라서 타당한 논증인 C1은 논리적으로 볼 때 좋은 논증이다.

실제로 거짓인 명제들로 구성된 논증들도 타당할 수 있다는 타당성 개념의 이러한 특징은 컴퓨터에 비유하여 설명될 수 있다. 한 컴퓨터에 참인 정보를 입력했는데 그 컴퓨터가 거짓 정보를 출력해냈다면 그 컴퓨터는 분명 폐기처분해야 할 결함이 있는 컴퓨터이다. 그러나 거짓 정보를 출력해낸 이유가 거짓정보를 컴퓨터에 입력한 때문이라면 그 컴퓨터는 정상적으로 정보처리를 한 것이라 할 수 있다. 결국 타당성이란 참인 전제들로부터는 참인 결론만이 도출된다는(참인 전제들로부터 거짓인 결론이 도출될 가능성을 배제하는) 것을 보증해 주는 전제들과 결론 사이의 관계라 할 수 있다.

C2의 전제들과 결론은 모두 실제로 참이다. 그러나 한국 대학생 중 일부가 인간이 아닐 가능성(예를 들어 외계인일 가능성)이 있으므로 전제들을 모두 참이라 가정해도 결론이 거짓일 가능성이 있다. 따라서 C2는 타당하지 않은 논증이다. 이처럼 논증의 타당성 여부에 대한 판단은 논증을 구성하는 명제들이 실제로 참인지 거짓인지 여부와 전혀 관계가 없다.

C3은 전제가 실제로 참이고 결론이 참일 가능성이 매우 높은 개연성이 높은 논증이지만 타당하지 않은 논증이다. 아래의 경우를 상상해 보자.

오늘 자정 조금 전에 커다란 소행성이 지구와 충돌하고 그 영향으로 지구의 자전 방향이 현재와 반대로 바뀐다.

개연성은 매우 낮지만 모순 없이 상상이 가능하므로 이러한 가능상황이 현실화될 최소한의 가능성은 존재한다. 따라서 전제를 참이라 해도 결론이 거짓일 가능성이 존재하므로 C3는 개연성은 높지만 타당하지 않은 논증이다.

앞에서 본 세 개의 논증 중에 C1만이 타당성의 기준을 만족하는 논증이다. 그러나 앞에서 언급했듯이 C1은 일상생활에서 유익한 실제로 좋은 논증이라고 할 수는 없다. C1의 결론은 명백하게 실제로 거짓이고 우리가 일상생활에서 논증을 하는 주된 이유는 우리들의 주장이나 판단이라 할 수 있는 결론이 실제로 참이라는 것을 보이는데 있다고 할 수 있기 때문이다. 한 논증이 타당하고 전제들이 실제로 참이면 결론도 반드시 실제로 참이어야 한다. 따라서 한 논증이 일상생활에서 유익한 실제로 좋은 논증이기 위해서는 전제들은 모두 실제로 참이어야 한다. 논리학자들은 실제로 좋은 논증을 건전한(sound) 논증이라 부른다.

4)

타당한 논증의 경우	**: 한 논증 A는 건전한(실제로 좋은) 논증이다 iff A는 타당하고 A의 전제들은 모두 실제로 참이다.**
개연성이 높은 논증의 경우:	**한 논증 A는 건전한(실제로 좋은) 논증이다 iff A는**

개연성이 높고 A의 전제들
은 모두 실제로 참이다.

4)에 따라 아래의 만화에서 나타난 논증이 건전한지 여부를 살펴보겠다.

만화에 등장하는 의사는 논증을 하고 있다. 만화의 두 번째 컷에서 의사가 한 말이 결론이고 세 번째와 네 번째 컷이 결론을 뒷받침하는 전제들이다. 따라서 만화에서 의사의 논증은 아래처럼 정리될 수 있다.

D. 1. 만약 그가 몸을 씻으면 그는 물을 오염시킨다.
2. 만약 그가 몸을 씻지 않으면 그는 공기를 오염시킨다.

C. 우리는 생태학적 상황에 직면해 있다.

우리가 직면한 생태학적 상황이 정확하게 무엇인지 설명되지 않았으므로 논증 D의 결론은 명확하게 기술되어 있지 않다. 그는 몸을 씻거나 씻지 않을 것이기 때문에 전제 1과 2를 고려하면 우리가 직면한 생태학적 상황은 '그는 물을 오염시키거나 공기를 오염시킬 것이다.'일 것이다. 따라서 논증 D의 결론을 이처럼 재해석할 경우 D는 D'으로 수정되어야 한다.[4)]

D'. 1. 만약 그가 몸을 씻으면 그는 물을 오염시킨다.
2. 만약 그가 몸을 씻지 않으면 그는 공기를 오염시킨다.

C. 그는 물을 오염시키거나 공기를 오염시킬 것이다.

D'이 건전한 논증이기 위해서는 타당하고 모든 전제들이 실제로 참이어야 한다. 전제들이 참이고 결론이 거짓일 가능성이 없으므로 D'은 타당한 논증이다. 그러나 만화에서의 상황이 실제로 발생한 상황이라고 가정해도 D'이 실제로 좋은 건전한 논증이라고 하기는 어려울 것이다. 만화의 주인공의 몸에서 냄새가 나는 것은 그 나름대로 일상생활을 한 결과로 발생한 자연현상이므로 전제 2의 그가 몸을 씻지 않는 것이 대기를 오염시킬 것이라는 명제는 과장된 주장이고 따라서 전제 중 일부가 실제로 거짓이기 때문이다.

머리말에서 언급했듯이 이 책을 집필하게 된 근본목적은 패러독스들을 논증의 형태로 분석하여 이들의 근본적인 성격을 드러내는데 있다. 이러한 목적을 성공적으로 이루기 위해서는 타당성과 같은 논증을 평가하는 기준은 물론 논증을 구성하는 기본 구성요소인 명제와 명제들로 구성된 집합과 관련된 논리학의 기본개념들에 대한 이해가 필수적으로 요구된다. 앞에서 보았듯이 논증이란 명제들로 구성된 명제들의 집합이기 때문이다. 명제와 명제들의 집합과 관련된 논리학의 기본개념들은 아래처럼 정리될 수 있다.

5.1)

논리적 진실: 하나의 명제 □는 논리적 진실이다 iff □가 거짓일 가능성이 없다.

논리적 거짓: 하나의 명제 □는 논리적 거짓이다 iff □가 참일 가능성이 없다.

우연명제 : 하나의 명제 □는 우연명제이다 iff □는 논리적 진실도 논리적 거짓도 아니다. (참일 가능성도 거짓일 가능성도 있다.)

5.2)

모순: 명제 □와 △는 모순이다 iff □와 △가 동일한 진리치를 가질 가능성이 없다.

반대: 명제 □와 △는 반대이다 iff □와 △가 동시에 참일수는 없지만 동시에 거짓일 수 있다.[5)]

5.3)

논리적 일관성: 명제들의 집합 A는 논리적 일관성이 있다 iff A를 구성하는 모든 명제들이 동시에 참일 가능성이 있다.

5.1)은 논증을 구성하는 명제들을 논리적 진실, 논리적 거짓, 우연명제의 세 가지로 구분하는 기준이다. 이러한 구분은 명제의 내용이 아니라 명제가 가진 논리적 형식에 의해 결정된다. 논리적 진실의 명제는 'A거나 A가 아니다'와 같은 동어반복의

명제처럼 명제의 논리적 형식 때문에 항상 참일 수밖에 없는 항진명제를 의미한다. 논리적 거짓의 명제는 'A이고 A가 아니다'와 같은 모순명제처럼 명제의 논리적 형식 때문에 항상 거짓인 항위명제를 의미한다.[6)]

논리학을 강의하면서 느낀 점 중 하나는 많은 학생들이 '모순'과 '반대'를 혼동하고 있다는 것이다. 5.2)는 이 두 개념에 대한 설명이다. 5.2)에 따르면 두 명제가 모순관계라면 두 명제는 항상 정반대의 진리치를 가져야 하고, 반대관계라면 두 명제가 동시에 거짓일 가능성은 있지만 동시에 참일 가능성은 없어야 한다. 따라서 "길동이는 미남이다."라는 명제와 모순관계에 있는 명제는 "길동이는 미남이 아니다."이고 반대관계에 있는 명제는 "길동이는 추남이다."이다.[7)]

5.3)은 명제들로 구성된 집합이 논리적 일관성을 가지고 있는가를 판단하는 기준이다.

E1. {서울에 거주하는 모든 남자들은 배우 김수현 보다 미남이다. 현재 미국의 대통령의 국적은 대한민국인데 사실 그는 외계인이다. 현재 미국 대통령의 피부색은 희다.}

E2. {길순이는 한국에 사는 여자 중 제일 키가 크다. 영자는 한국에 살고 있는데 길순이보다 키가 크다.}

5.3)에 따르면 E1은 논리적 일관성이 있는 집합인 반면 E2는 논리적 일관성이 없는 집합이다. E1의 경우 논리적 모순 없이 E1에 속한 모든 명제들이 동시에 참인 상황을 상상할 수 있는 반면 E2의 경우 첫 번째 명제가 참이면 두 번째 명제가 거짓이어야 하고 두 번째 명제가 참이면 첫 번째 명제가 거짓이어야

하므로 E2를 구성하는 두 명제가 동시에 참일 가능성이 없기 때문이다.

타당한 논증의 정의에 따르면, 한 논증의 전제들의 집합이 논리적 일관성이 없으면 그 논증은 결론이 어떤 명제인지 여부와 상관 없이 타당하다.

F. 1. 길동이는 키가 작다.
   2. 길동이는 미남이다.
   3. 길동이는 거인이다.

C. 대한민국은 10년 내에 세계 최강국이 될 것이다.

전제 1과 3은 반대관계이므로 F의 전제들의 집합 {1, 2, 3}은 논리적 일관성이 없다. F의 전제들로 구성된 집합이 논리적 일관성이 없으면 전제 1과 2와 3이 동시에 참일 가능성이 없으므로 전제들이 모두 참이고 동시에 결론이 거짓일 가능성이 없다. 따라서 F는 타당한 논증이다. 이처럼 한 논증의 전제들의 집합이 논리적 일관성이 없으면 결론이 어떤 명제인지 여부와 상관 없이 그 논증은 타당하다. 다르게 표현하면 일관성이 없는 명제들의 집합으로부터는 모순명제를 포함하여 어떤 명제도 타당한 논증의 결론으로 도출될 수 있다.

앞에서 우리는 한 논증의 전제들이 실제로 참이고 개연성이 높을 지라도 결론이 실제로 거짓일 가능성이 있다는 것을 보았다. 이에 반해 타당한 논증의 경우에는 전제들이 참이면 결론이 반드시 참이어야하므로 전제들의 참이 결론의 참을 보장해 준다. 그러나 타당한 논증의 경우 전제들의 참이 결론의 참을 보장해 준다는 사실이 타당한 논증이 개연성이 높은 논증보다 논리적으로 우수한 논증이라는 것을 시사하는 것이라고 할 수는 없다. 앞에서 우리는 C1이 타당한 논증이라는 것을 보았다. 그런데 C1이 타당한 이유는 C1의 첫 번째 전제에 의하면 한국남자들의 집합이 아인슈타인보다 IQ가 높은 것들의 집합에 속하는데 두 번째 전제에 따르면 개그맨 심형래는 아인슈타인보다 IQ가 높은 것들의 집합에 속하는 한국남자들의 집합에 속하기 때문이다. 따라서 C1의 전제들은 결론을 포함하고 있다고 할 수 있다. C1에서 보았듯이 타당한 논증의 전제들이 참이면 결론이 반드시 참일 수밖에 없는 이유는 전제들 속에 결론이 포함되어 있기 때문이고 이러한 까닭에 타당한 논증을 통해 얻을 수 있는 정보는 전제들이 보여주는 정보에 국한된다. 그러나 전제들이 실제로 참인 개연성이 높은 귀납논증은 우리에게 실제로 참일 가능성이 높은 새로운 정보를 우리에게 제공한다. 개연성이 높은 논증인 C3에서 전제는 실제로 참이지만 결론이 거짓일 최소한의 가능성이 있다. 그러나 C3에서 전제가 실제로 참이어도 결론이 실제로 거짓일 가능성이 있는 이유는 "내일도 해는 동쪽에서 뜰 것이다."라는 예측을 하고 있는 결론이 전제에 나타나지 않는 새로운 정보이기 때문이다. 이렇게 볼 때 C3의 결론은 전제에 포함되어 있지 않다. 따라서 타당한 논증은 전제들의 참이 결론의 참을 보장해 주지만 우리에게 새로운 정보를 줄 수 없고 개연성이 높은 귀납논증은 전제들이 참일지라도 결론이 거짓일 가능성이 있지만 우리에게 새로운 정보를 제공해 줄 수 있다.

끝으로 개연성이 높은 귀납논증의 경우 개연성이 아무리 높아도 결론이 거짓일 수 있다는 것을 보여주는 극단적인 사례를 살펴보겠다.

가엾은 칠면조의 최후[8)]

미국 중부에 위치한 한 칠면조 농장의 주인인 a는 하루의 일과를 정해진 시간에 맞추어 한다는 특이한 성격의 소유자였다. 그는 매일 아침 9시에 칠면조에게 모이를 주었고, 이에 따라 이 칠면조 농장에 있는 칠갑이라는 칠면조도 지난 1년 동안 매일 아침 9시에 모이를 먹었다. 크리스마스 전날인 12월 24일 밤에 칠갑이 칠면조는 지난 1년간 매일 9시에 모이를 먹었으므로 내일도 아침 9시에 모이를 먹을 것이라 예측하게 된다. 그러나 칠갑이 칠면조의 기대와 달리 그 다음날 불행한 사건이 발생한다. 아침 9시에 모이를 주러 온 a는 칠갑이 칠면조에게 모이를 주는 대신 그를 도살하였고 칠갑이 칠면조는 저녁에 a의 크리스마스 식탁에 오르는 신세가 된다.

크리마스 전날인 12월 24일 밤에 "내일도 아침 9시에 모이를 먹을 것이다."라고 예측한 칠갑이 칠면조의 추론은 아래의 논증으로 나타낼 수 있다.

G. 1월 1일 아침 9시에 모이를 먹었다.
   1월 2일 아침 9시에 모이를 먹었다.
   1월 3일 아침 9시에 모이를 먹었다.
      ....
      ....
      ....

12월 24일 아침 9시에 모이를 먹었다.

12월 25일 아침 9시에 모이를 먹을 것이다.

가엾은 칠갑이 칠면조의 사례가 실제로 일어난 사건이라 가정하면 G의 전제들은 모두 실제로 참이다. 또한 G는 전제들을 참이라 가정하면 결론도 참일 확률이 매우 높은 개연성이 높은 귀납논증이다. 따라서 G는 실제로 좋은, 개연성이 높은 논증의 전형적인 예라 할 수 있다. 그러나 내일 아침 9시에 모이를 먹을 것이라는 참일 가능성이 매우 높은 칠갑이 칠면조의 예측과는 달리 칠갑이 칠면조는 비참한 최후를 맞게 된다.

2장-패러독스(Paradox)란 무엇인가?

'패러독스'란 흔히 '역리(逆理)' 혹은 '역설(逆說)'이라 번역된다. 글자 뜻대로 하면 패러독스란 '이치나 알려진 것에 어긋나거나 반대되는 것'이라 할 수 있다.

패러독스(paradox)는 'para'와 'doxa'가 합쳐진 합성어이다. 'para'는 '---을 넘어서'를 'doxa'는 받아들여진 견해나 믿음을 뜻한다. 따라서 어원적으로 볼 때 패러독스는 받아들여진 견해나 믿음을 넘어선 것이나 반대되는 것을 의미한다고 할 수 있다.

그러나 패러독스의 한문 표현인 역리나 역설에 대한 문자적 의미나 패러독스에 대한 어원적 의미는 패러독스의 근본적인 성격을 드러내고 있다고 할 수 없다. 이치에 어긋나거나 받아들여진 견해에 어긋나거나 반대되는 것들의 대부분은 패러독스라 할 수 없기 때문이다. 한 예로 "모든 한국인은 천재이다."라는 주장은 상식에 어긋나는 이치에 맞지 않는 주장이지만 패러독스라 할 수 없다.

패러독스에 대한 본격적인 연구서를 저술한 세인스버리는(R. M. Sainsbury)는 패러독스를 아래의 1)처럼 정의하고 있다.[9)]

1)

패러독스란 외관상 하자가 없어 보이는 수용할 만한 추론을 통해 외관상 하자가 없어 보이는 수용할 만한 전제들로부터 수용할 수 없는 결론이 도출되는 것이다.

패러독스에 대한 세인스버리의 정의인 1)에 따르면 하나의 추론이 패러독스로 간주되기 위해서는 아래의 세 가지 조건이 만족되어야 한다.

2)

1. **결론을 이끌어 낸 추론의 전제들은 모두 외관상 하자가 없어 보이는 수용할 만한 전제들이다.**
2. **전제들로부터 결론으로의 추론은 외관상 하자가 없어 보이는 수용할 만한 추론이다.**
3. **(상식과 같은 받아들여진 믿음이나 견해에 비추어 보면) 추론의 결론은 수용될 수 없다.**

대부분의 패러독스들은 2)처럼 정리될 수 있는, 세인스버리가 규정한 정의를 따르고 있는 것으로 보인다. 한 예로 고대 그리스의 철학자 에우블리데스(Eubulides)의 작품으로 알려진 대머리의 패러독스를 살펴보겠다. 원래 이 패러독스의 역리적 결론은 "머리카락이 전혀 없는 사람도 대머리가 아니다."이다. 하지

만 여기서는 논증으로 간편하게 표현하기 위해 "한 사람이 아무리 머리카락의 수가 아무리 많아도 그 사람은 대머리이다."를 대머리의 패러독스의 결론으로 삼겠다.

대머리의 패러독스[10)]

한 사람의 머리카락의 수가 아무리 많아도 그 사람은 대머리이다. 왜냐하면 어떤 사람이 대머리이면 그 사람의 머리카락이 하나 더 많다고 해서 그 사람이 대머리가 아닌 것은 아니기 때문이다.

대머리의 패러독스는 아래의 A)처럼 논증으로 표현될 수 있다.

A)

1. 머리카락의 수가 0인 사람은 대머리이다.
2. 머리카락의 수가 0인 사람이 대머리이면, 그 사람의 머리카락의 수가 1이어도 그 사람은 대머리이다.
3. 머리카락의 수가 1인 사람이 대머리이면, 그 사람의 머리카락의 수가 2이어도 그 사람은 대머리이다.
4. 1보다 큰 어떤 정수에 대래서도, 머리카락의 수가 n인 사람이 대머리이면, 그 사람의 머리카락의 수가 n+1이어도 그 사람은 대머리이다.

한 사람의 머리카락의 수 가 아무리 많아도 그 사람은 대

머리이다.

역리적 결론을 이끌어 낸 추론과정을 구체적 언어로 표현한 논증 A)는 세인스버리가 정리한 세 가지 조건을 모두 만족시킨다.

우선 논증 A)는 2)의 첫 번째 조건을 만족시킨다. 전제 1과 2와 3은 모두 실제로 참이고, 머리카락 수가 하나 더 많다고 해서 대머리가 대머리가 아닐 수는 없을 것이므로 전제 4도 실제로 참으로 간주될 수 있을 것이기 때문이다. 논증 A)는 두 번째 조건도 만족시킨다. 논증 A)는 전제들이 참이면 결론도 반드시 참이어야하는 타당한 논증이기 때문이다. 끝으로 논증 A)는 세 번째 조건도 만족시킨다. 논증 A)의 결론을 수용할 경우 머리카락 수가 아무리 많더라도 삼손을 위시하여 모든 사람은 대머리라는 도저히 수용할 수 없는 결과가 도출되기 때문이다.

이처럼 대머리의 패러독스를 논증으로 나타낸 A)는 2)에 열거된 세 가지 조건들을 모두 만족시키므로, 세인스버리에 따르면 "머리카락의 수가 아무리 많아도 대머리이다."라는 수용할 수 없는 결론을 도출한 추론은 패러독스로 간주되어야 한다.

세인스버리의 패러독스에 대한 정의는 패러독스의 성격을 비교적 잘 드러내고 있다. 또한 대부분의 패러독스들은 세인스버리의 정의에 규정된 세 가지 조건을 따르고 있다. 그러나 패러독스의 근본적 성격이 명확히 드러나게 하기 위해서는 패러독스에 대한 그의 정의는 명확하게 다듬어질 필요가 있다. 그의 정의는 "외관상 수용할 만한"과 같은 애매한 표현들과 하나의 명제로부터 다른 명제를 이끌어 내는 심리적 과정인 추론이라는 개념을 사용하여 표현되고 있기 때문이다.

1장에서 언급했듯이 일단의 명제에서 다른 명제를 도출해 내는 심리적 과정인 추론을 언어로 구체적으로 표현한 것이 논증이다. 따라서 논증과 논증을 평가하는 개념들을 사용하여 패러독스는 3)처럼 정리될 수 있다.

3)

하나의 논증 □가 아래의 조건들을 모두 만족시키면 논증 □는 패러독스이다.

1. 논증 □는 건전한 논증으로 평가된다.

2. 논증 □의 결론은 (받아들여진 견해나 믿음(상식이나 지식)에 비추어 볼 때) 명백하게 거짓으로 평가된다.

한 논증이 건전한 논증이기위해서는 그 논증의 전제들이 모두 실제로 참이고 동시에 논리적으로 좋은(타당하거나 개연성이 높은) 논증이어야 한다. 따라서 3)은 '추론'을 '논증'으로 대체하고 논증의 평가개념을 사용했을 뿐 세인스버리의 패러독스에 대한 정의를 그대로 따르고 있다고 할 수 있다. 한 논증이 건전한 논증으로 평가된다는 것은 그 논증의 전제들이 실제로 참이고 논리적으로 좋은 논증으로 평가되어 외관상 수용할 수 있다는 것을 의미할 것이기 때문이다.

대부분의 패러독스들은 연역논증의 형태를 취하므로 편의를 위해 논의의 대상이 되는 논증들을 연역논증으로 국한시키면 3)은 3*)로 재해석된다.

3*)

하나의 논증 □가 아래의 세 가지 조건들을 모두 만족시키면 논증 □는 패러독스이다.

1. 논증 □의 전제들은 모두 실제로 참인 것으로 평가된다(여겨진다).
2. 논증 □는 타당한 논증으로 평가된다(여겨진다).
3. 논증 □의 결론은 받아들여진 견해나 믿음(상식이나 지식)에 비추어 볼 때 명백하게 거짓으로 평가된다.

연역논증의 경우 한 논증이 건전하면 논증의 전제들이 실제로 참이고 타당해야 한다. 또한 한 논증이 타당하면 전제들이 모두 참이고 결론이 거짓일 가능성이 없으므로, 건전한 논증의 결론은 실제로 참이어야 한다. 따라서 (건전한 논증으로 평가되는 논증으로부터 명백하게 거짓인 결론이 도출되는) 패러독스는 3*)에 따라 아래의 세 가지 중 하나로 설명될 수 있다.

① 전제들이 모두 실제로 참으로 평가되었지만 전제들 중 일부는 실제로 참이 아니다.
② 타당한 논증으로 평가되었지만 실제로 타당한 논증이 아니다.
③ 받아들여진 견해나 믿음(상식이나 지식)에 비추어 볼 때 논증의 결론은 명백한 거짓으로 평가되지만 논리적으로 볼 때 전제들 중 일부를 부정하지 않는 한 수용할 수밖에 없다.

적지 않은 수의 패러독스들은 ②의 경우에 해당하는 것으로 설명할 수 있다. 제논의 화살의 패러독스, 이발관의 패러독스[11], 버틀란드의 상자의 패러독스[12] 등이 ②에 해당하는 대표적인 경우라 할 수 있다. 그러나 ②에 해당하는 패러독스들은 타당하지 않은 논증을 타당한 것으로 잘못 판단하여 발생한 것이다. 따라서 엄격하게 말하면 ②에 해당하는 것들은 패러독스가 아니라 논리적 오류라 할 수 있다.

대부분의 중요한 패러독스들은 ①이나 ③의 경우에 해당한다. ①이나 ③에 해당하는 패러독스들은 학문 활동을 포함하여 이성적 사고를 요구하는 지적 영역에서 매우 중요한 점을 시사하고 있다고 할 수 있다. ①은 우리들이 실제로 참이라 여기며 당연시하고 있는 명제들이 실제로 거짓인 경우이고 ③은 우리들의 상식이나 지식에 위배되는 결론이 전제들을 부정하지 않는 한 수용할 수밖에 없는 경우이므로, ①이나 ③에 해당하는 패러독스들은 상식이나 지식을 포함한 우리의 사고체계에 중대한 문제점이 내재하고 있다는 것을 나타내고 있기 때문이다. 특히 ③에 해당하는 패러독스들이 우리들이 주목해야 할 가장 중요하고 난해한 패러독스라 할 수 있다. ③에 해당하는 상당수의 패러독스들의 결론은 모순명제이므로, ③에 해당하는 패러독스들에서는 실제로 참인 전제들로부터 모순명제처럼 명백하게 거짓인 결론이 도출되기 때문이다.

한 예로 앞에서 살펴본 대머리의 패러독스는 ①의 경우에 해당한다고 할 수 있다.[13)] 애매한 용어(vague term)에 회의적인 일부의 철학자들은 논증 A)의 네 번째 전제에 대해 근본적인 의문을 제기할 것이기 때문이다. 주지된 사실이지만 대머리의 패러독스는 그 적용범위가 애매한 용어들과 관련된 어려움을 나타낸 것 이라 할 수 있다. 3장부터는 받아들여진 견해나 믿음들의 저변에 깔려 있는 문제점들을 드러내어 인류의 지식체계의 발전에 크게 기여한 패러독스의 사례들을 살펴볼 것이다.

3장-제논의 패러독스

제논[14)]의 패러독스는 2000년 이상 철학자와 수학자를 비롯한 지식인들에게 지적 흥미와 지적 충격을 함께 준 패러독스라 할 수 있다. 한 예로 저명한 분석철학자 러셀은 제논의 패러독스는 교묘할 정도로 지혜롭고 깊이가 있다고 극찬하고 있다. 이처럼 영향력 있고 중요한 패러독스를 고안한 제논이지만 그에 대해서는 알려진 바가 거의 없다. BC 5세기경에 활동했던 제논은 엘리아학파의 일원이었고 파르메니데스의 제자로 알려져 있다. 그러나 자신의 패러독스를 다룬 제논 자신의 글은 현존하는 것이 없고 오직 플라톤의 『**파르메니데스** Parmenides』나 아리스토텔레스의 『**물리학** Physics』에 그 일부가 소개되어 있다. 프로크러스(Proclus Lycaeus)에[15)] 따르면 제논은 적어도 40여개 이상의 패러독스를 고안해 냈다고 한다. 그러나 현재까지 남아 있는 것은 오직 9개뿐이다. 이들 9개의 패러독스들 중 중요하게 여겨져 자주 거론되는 것은 아킬레스와 거북이의 패러독스를[16] 포함한 4개의 패러독스이다. 이장에서는 이들에 대해 살펴보겠다.

아킬레스와 거북이의 패러독스

아킬레스와 거북이가 경주를 하는데, 둘의 경주에서 기북이가 아킬레스보다 앞에서 뛰게 한다면 아킬레스는 거북이보다 빠르지만 아킬레스는 거북이를 영원히 따라잡을 수 없다. 아킬레스가 거북이가 출발한 지점에 도착하면 거북이도 일정한 거리를 이동했을 것이고 이러한 과정은 영원히 계속될 것이기 때문이다.

패러독스의 본질적인 성격을 변화시키지 않으면서 그 내용이 명확히 드러날 수 있도록 아킬레스가 거북이보다 2배 빠르게 뛴다고 가정하겠다. 이러한 가정을 받아들이면 아킬레스와 거북이의 패러독스는 논증 A)로 나타낼 수 있다.

A)

1. 거북이와 거북이보다 2배 빠르게 달리는 아킬레스가 경주를 한다.
2. 거북이는 아킬레스의 출발지점 d1보다 앞선 지점인 d2에서 출발한다.
3. 아킬레스가 d2에 도착했을 때 거북이는 d3(d2에 d1에서 d2의 중간지점까지의 거리를 더한 지점)에 도달

해 있다.

4. 아킬레스가 d3에 도착했을 때 거북이는 d4(d3에 d2와 d3의 중간지점까지의 거리를 더한 지점)에 도달해 있다.
5. 이러한 과정은 영원히 계속될 것이다. (2보다 큰 양의 정수 n에 대해서 아킬레스가 dn에 도착했을 때 거북이는 dn+1(dn에 dn-1과 dn의 중간 지점까지의 거리를 더한 지점)에 도달해 있다.)

아킬레스는 거북이를 영원히 따라잡을 수 없다.

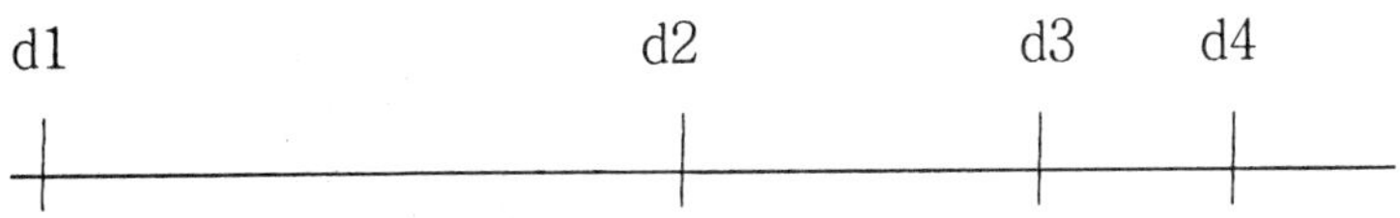

전제들이 모두 참이면 결론도 반드시 참이므로 논증 A)는 타당하다. 또한 거북이보다 2배 빠른 아킬레스는 거북이의 출발장소인 d2의 뒤쪽인 d1에서 거북이와 동시에 출발한다고 가정했으므로 전제들은 모두 실제로 참인 것으로 보인다. 따라서 아킬레스와 거북이의 파라독스를 논증으로 표현한 A)는 건전한 논증으로 평가된다. 그러나 아킬레스가 거북이를 영원히 따라잡지 못한다는 논증의 결론은 명백한 거짓이다. 거북이와 아킬레스가 전력을 다한다면 d2에서 d1에서 d2까지의 거리만큼 떨어진 지점에서 아킬레스가 거북이를 앞지를 것이기 때문이다.

2장에서 우리는 건전한 논증으로 평가되는 논증으로부터 명백하게 거짓으로 보이는 결론이 도출되는 패러독스는 3가지 경우 중 하나로 설명될 수 있다는 것을 보았다. 첫 번째 경우는 전제들 중 일부가 실제로 참이 아닌 경우이고 두 번째는 논증이 타당하지 않은 경우이고 끝으로 마지막 경우는 전제들 중 일부를 부정하지 않는 한 수용할 수밖에 없는 경우이다.

논증 A)는 타당하고 논증의 결론은 명백하게 거짓이다. 따라서 논증 A)로 표현된 아킬레스와 거북이의 패러독스는 전제들의 일부가 실제로 거짓인 첫 번째 경우에 해당해야 한다.

앞에서 언급했듯이 d1에서 출발하는 아킬레스가 d1의 앞에 위치한 d2에서 출발하는 거북이보다 2배 빠르게 뛴다는 것은 우리의 기본적 가정이다. 따라서 논증의 전제들 1, 2, 3, 그리고 4는 모두 실제로 참으로 간주돼야 한다. 그렇다면 '이러한 과정은 영원히 계속될 것이다.'라는 전제 5는 어떠한가? 피상적으로 보면 전제 5도 다른 전제들처럼 실제로 참인 것으로 보일 수 있다. 그러나 전제 5는 실제로 거짓인 명제이다. '영원히'라는 표현은 시간의 흐름과 관계된 표현이기 때문이다. d1에서 출발하는 아킬레스가 d2에서 출발하는 거북이보다 2배 빠르게 뛴다는 우리의 가정으로부터 도출될 수 있는 것은 일정한 길이의 선분(거북이가 50m 앞에서 출발했다면 100m)이 무한하게 분할될 수 있다는 것에 불과하다. 전제 5는 이러한 무한한 분할 과정이 시간 속에서 실제로 수행될 수 있고 수행되는 것으로 표현하고 있는 오류를 범하고 있다. 따라서 전제 5는 명백하게 실제로 거짓인 명제이고 아킬레스와 거북이의 패러독스는 첫 번째 경우에 해당하는 패러독스이다.

경주자의 패러독스[17]

일정한 길이의 경주코스를 달리는 경주자가 결승점에 도달하기 위해서는 그는 반드시 경주코스의 중간지점을 통과해야 한다. 또한 중간지점에 도달한 경주자가 결승점에 도달하기 위해서는 그는 남은 거리의 중간지점을 통과해야 한다. 이러한 과정은 영원히 계속될 것이다. 따라서 경주자는 영원히 결승점에 도달할 수 없다.

패러독스의 근본 성격을 명확히 들어내기 위해 아래의 사실들을 가정하겠다. d1은 경주코스인 d0에서 d*까지의 중간지점이고 d2는 d1과 d*의 중간지점, d3는 d2와 d*의 중간지점이고 ...... , d*-1은 d*-2와 d*의 중간지점이다.

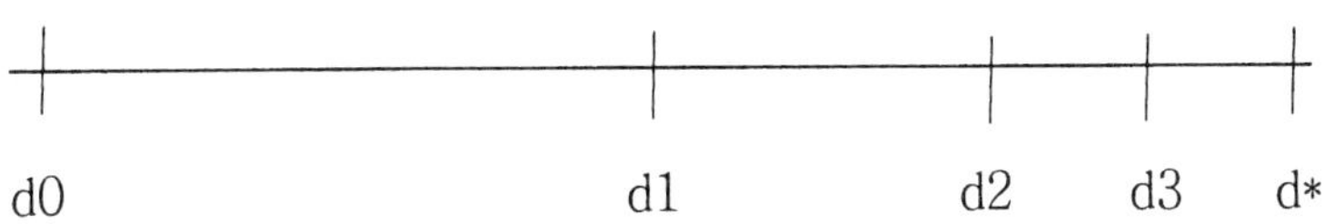

앞의 가정들을 따르면 경주자의 패러독스는 논증 B)처럼 표현될 수 있다.

B)

1. 경주자가 결승점인 d*에 도달하기 위해서는 그는 반드시 먼저 d1에 도달해야 한다.
2. d1에 도달한 경주자가 d*에 도달하기 위해서는 그는 반드시 먼저 d2에 도달해야 한다.
3. d2에 도달한 경주자가 d*에 도달하기 위해서는 그는

반드시 먼저 d3에 도달해야 한다.

4. 이러한 과정은 영원히 계속될 것이다. (1보다 큰 양의 정수 n에 대해서 dn에 도달한 경주자가 d*에 도달하기 위해서는 그는 반드시 먼저 dn+1(dn에서 d*까지의 중간지점)에 도달해야 한다.)

경주자는 결승점인 d*에 영원히 도달할 수 없다.

등장인물이 하나라는 것을 제외하면 근본적인 내용에서 볼 때 경주자의 패러독스는 아킬레스와 거북이의 패러독스와 동일한 패러독스라 할 수 있다.[18)]

전제들이 참이면 결론도 반드시 참이므로 B)는 타당한 논증이다. 또한 피상적으로 볼 때 전제들은 모두 실제로 참인 것으로 여겨진다. 따라서 B)도 건전한 것으로 평가되는 논증으로부터 명백하게 거짓인 결론이 도출되는 전형적인 패러독스라 할 수 있다. 그러나 논증 B)의 참으로 보이는 전제들 중 일부는 실제로 거짓이다. 네 번째 전제인 "이과정은 영원히 계속될 것이다."라는 네 번째 전제는 명백히 거짓이기 때문이다. 논증 B)의 네 번째 전제는 아킬레스와 거북이의 패러독스의 경우처럼 일정한 크기의 선분은 무한히 분할될 수 있다는 사실을 이러한 분할과정이 시간 속에서 실제로 수행될 수 있는 것으로 표현한 오류를 범하고 있다.

아킬레스와 거북이의 패러독스와 경주자의 패러독스는 전제들의 일부가 실제로 참이 아닌 첫 번째 경우에 해당하는 패러독스로 설명될 수 있지만 이들 두 패러독스는 수학에서의 무한 개념과 관련하여 매우 중요한 사실을 함축하고 있다. 앞에서 보았듯이 이 두 패러독스에서 핵심적 역할을 하는 것은 일정한 크기의 선분은 무한히 분할될 수 있다는 사실이다. 분석기하학의 정의에 따라 선분의 구성요소가 점들이라면 이 두 패러독스가 보여주는 것은 일정한 크기의 선분을 구성하는 점들의 수는 무한하다는 것이다.

정신병원에서 생애를 마감한 19세기의 수학자 칸토어(Cantor)는 일정한 크기의 선분을 구성하는 점들의 수는 자연수의 무한보다 큰 실수의 무한이라는 것을 밝혀 낸다. 결국 제논의 두 패러독스가 보이고 있는 선분의 무한 분할 가능성은 실수의 무한에 해당하는 무한 분할 가능성이라 할 수 있다.

2장에서 우리는 패러독스들은 세 가지 형태로 구분될 수 있다는 것을 보았다. 또한 타당한 논증으로 평가되었지만 실제로 타당하지 않은 두 번째 경우에 적지 않은 수의 패러독스들이 해당되며 이들은 엄격히 말해 패러독스가 아니라 단순한 논리적 오류에 불과하다는 것에 대해 살펴보았다. 두 번째 경우에 해당되는 패러독스 중 대표적인 예가 제논의 패러독스 중 하나인 화살의 패러독스이다.

화살의 패러독스[19)]

날아가는 화살은 화살이 존재하는 각각의 장소에서 순간(찰나)에 존재한다, 시간이 경과된 것은 순간(찰나)이 아니므로 날아가는 화살은 각각의 순간에 움직이지 않는다. 따라서 날아가는 화살은 날지 않는다.

화살을 쏜 지점이 a이고 a~b의 궤적을 따라 b지점에 낙화했다면 화살의 파라독스는 C)처럼 하나의 논증으로 나타낼 수 있다.

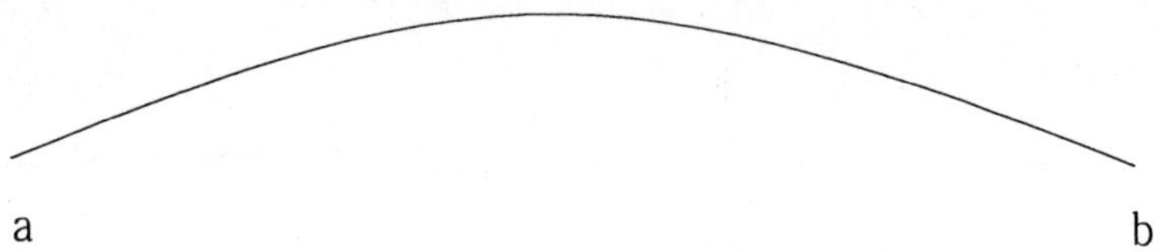

C)

1. 날아가는 화살은 화살이 존재하지 않는 장소에서 움직일 수 없다.
2. 날아가는 화살은 a에서 b까지의 궤적을 이루는 각각의 장소에 오직 순간(찰나) 동안 존재한다.
3. 시간이 경과된 것은 순간(찰나)이 아니다.
4. 한 물체의 움직임은 시간의 경과를 필수적으로 요구한다. (시간의 경과 없는 움직임은 성립하지 않는다.)

날아가는 화살은 날지 않는다.

a에서 b까지의 궤적은 무한히 분할되므로 a~b의 궤적은 화살이 존재하는 무한한 수의 장소로 구성되어 있다고 할 수 있다. 또한 날아가는 화살은 a~b의 궤적을 이루는 각각의 장소에 오직 순간(찰나) 동안 존재한다. 그런데 시간이 경과한 것은 순간(찰나)이라 할 수 없고 움직인다는 것은 필수적으로 시간의 경과를 수반한다. 따라서 우리의 가정대로 a에서부터 화살이 출발하여 b에 도착했다면 논증 C)의 전제들은 모두 실제로 참이라 할 수 있다.

하나의 연역논증이 건전하기 위해서는 전제들이 모두 실제로 참이고 논증이 타당해야 한다는 두 가지 조건이 만족되어야 한다. 앞에서 보았듯이 논증 C)는 건전하기 위한 첫 번째 조건을 만족시킨다. 그러나 두 번째 조건을 만족하는가에 대해서는 의문의 여지가 있다.

한 물체가 움직였다는 것은 시간의 경과에 따라 그 물체가 존재하는 장소가 변화했음을 의미한다. 또한 시간이 경과된 것은 순간(찰나) 동안이라 할 수 없으므로 물체들은 순간(찰나) 동안에 움직일 수 없다. 따라서 논증 C)의 전제들로부터 도출될 수 있는 것은 a~b의 궤적을 이루는 각각의 장소에서 화살은 순간 동안에 움직일 수 없다는 것이다. 그러나 화살이 순간 동안에 움직일 수 없다는 사실로부터 날아가는 화살이 날지 않는다는 결론이 도출되지는 않는다. 날아가는 화살은 날아가는 동안의 한 순간에는 날아가는 과정에 있는 것이고, 화살이 한 순간에 무엇을 하고 있는가는 그 순간의 전과 후에 화살이 무엇을 하고 있는 가에 달려 있기 때문이다. 만일 한 물체가 한 순간의 전과 후에 동일한 장소에 있었다면 그 물체는 움직이지 않은 것이고 다른 장소에 있었다면 그 순간에 그 물체는 움직인 것이다. 이렇게 볼 때 논증 C)의 전제들로부터 결론이 연역적으로 도출되지 않고 따라서 논증 C)는 타당하지 않은 논증이다. 결국 논증 C)로 표현된 화살의 패러독스는 패러독스의 두 번째 경우에 해당하는 패러독스로 타당하지 않은 논증을 타당한 것으로 잘못 판단한 오류에 해당한다.[20)]

앞에서 언급했듯이 아킬레스와 거북이의 패러독스, 경주자의 패러독스와 화살의 패러독스가 가장 자주 거론되는 제논의 패러독스라 할 수 있다. 그러나 이들 셋 이외에 복수성(plurality)의 패러독스도 비교적 자주 거론되는 제논의 패러독스이다.

복수성의 패러독스[21)]

일정한 크기의 공간은 무한히 나누어질 수 있으므로 일정한 공간을 차지한 개체가 부분들로 구성되었다면 그 개체는 무한한 수의 부분들로 구성되어야 한다. 또한 일정한 공간을 차지한 개체를 구성하는 각각의 부분은 아무리 적더라도 일정한 크기를 가져야 한다. 그러나 무한한 수의 부분들이 크기를 가진다면 일정한 크기의 공간을 점유한 유한한 크기의 개체가 동시에 무한한 크기라는 모순적 결론이 도출된다. 따라서 일정한 크기의 공간을 점유한 개체는 자신을 구성하는 부분들을 가질 수 없는 일자(一者)이다.

복수성의 패러독스는 복수의 개체들이 불가능하다는 것을 주장하기 위해 고안된 것이지만 앞에서 거론된 제논의 패러독스와 마찬가지로 공간의 무한 분할 가능성에 그 근거를 두고 있다. 주지된 사실로 분석기하학에 따르면 일정한 크기의 선분이나 공간은 무한한 수의 점들로 구성되어 있고 각각의 점은 실수로 나타낼 수 있다. 따라서 일정한 크기의 선분이나 공간을 구성하는 점들의 집합의 크기는 실수의 무한에 해당한다고 할 수 있다. 분석기하학에서의 기본적인 주장들을 받아들이면 일정한 크기의 선분이나 공간의 무한 분할 가능성과 관련된 어려움을 복수성의 패러독스의 변형된 형태로 나타낼 수 있다.

점의 패러독스

일정한 크기의 선분은 무한한 수의 점들로 구성되어 있다. 그러나 선분을 구성하는 점들은 크기를 갖지도 갖지 않을 수 도 없다. 점들이 크기를 가진다면 선분의 크기는 무한대로 클 것이고 점들이 크기를 갖지 않는다면 선분의 크기는 0일 것이기 때문이다.

패러독스의 핵심적 성격이 명확히 드러나도록 일정한 크기의 선분의 길이를 10㎝라 가정하면 점의 패러독스는 논증 D)처럼 표현될 수 있다.

D)

1. 하나의 선분 a의 길이는 10㎝이다.
2. a는 무한히 분할될 수 있으므로 a를 구성하는 점들의 수는 무한하다.
3. a를 구성하는 점들이 일정한 크기(δ)를 갖는다면 a의 길이는 10㎝가 아니라 무한일 것이므로($\delta \times \infty = \infty$) a를 구성하는 점들은 크기를 가질 수 없다.
4. a를 구성하는 점들이 크기(0)를 갖지 않는다면 a의 길이는 10㎝가아니라 0일 것이므로($0 \times \infty = 0$) a를 구성하는 점들은 크기를 갖지 않을 수 없다.

---

a를 구성하는 점들은 크기를 갖지도 갖지 않을 수 도 없다.

전제 3과 4로부터 결론이 직접적으로 연역되므로 D)는 타당한 논증이다. 또한 전제들은 모두 실제로 참인 것으로 평가된다. 전제 1은 기본적인 가정이고 2는 선분의 무한 분할 가능성과 분석기하학에 따른 명제에 불과하다. 또한 전제 3과 4는 기본적인 산술의 결과이다. 이렇게 볼 때 점의 패러독스를 논증으로 나타낸 D)는 결론이 명백한 거짓으로 평가되지만 수용할 수밖에 없는 세 번째 경우에 해당하는 패러독스라 할 수 있다. 분석기하학에서 선분을 구성하는 각각의 점들은 각기 하나의 실수로 나타낼 수 있고 선분을 구성하는 점들의 집합의 크기는 셀 수 없는 무한인 실수의 무한에 해당한다. 결국 점의 패러독스는 점이라는 개념과 관련된 이해의 어려움을 극명하게 드러낸 패러독스라 할 수 있다.[22)]

4장-무한, 정수와 유리수

'집합'은 수학에서 제일 중요하고 근본적인 개념이라 해도 과언이 아니다. 집합개념은 수학의 거의 모든 분야에서 널리 사용되고 있고, 또한 19세기 말에 계발된 집합이론(set theory)은 수학의 기초로 사용되고 있다. 이장에서는 수학에서의 무한개념과 집합과 관련된 어려움을 드러내는 경우들에 대해 살펴보겠다.

집합은 서로 구별되는 대상들로 구성된 모임이다. 그러나 집합을 구성하는 요소들이 꼭 물리적 대상일 필요는 없다. 한 예로 물리적 대상들인 소, 코끼리, 소나무로 구성된 '{소, 코끼리, 소나무}'이란 집합이 가능한 것처럼 2, 4, 6과 같은 추상적 대상들로 구성된 '{2, 4, 6}'이라는 집합도 가능하고 '{{2, 4, 6}, {소, 코끼리, 소나무}}'처럼 집합으로 구성된 집합도 가능하다. 즉 우리의 지각이나 사고의 대상이 될 수 있는 어떤 것도 집합의 구성요소가 될 수 있다.

집합은 두 가지 방식으로 나타낼 수 있다. 하나는 내포적으로 표현하는 방식이고 다른 하나는 외연적으로 표현하는 방식이다. 한 예로 처음부터 시작해서 다섯 번째까지의 양의 정수로 구성된 집합 A는 아래처럼 표현될 수 있다.

내포적 표현; A={x: x는 처음부터 다섯 번째까지의 양의 정수}

외연적 표현; A={1, 2, 3, 4, 5}

따라서 한 집합 B에 대한 내포적 표현인 'B={x: x는 사람이다}'는 집합 B는 모든 사람들로 구성된 집합이라는 것을 나타내고 있다.

한 집합을 구성하는 구성요소들의 수를 그 집합의 농도濃度(Cardinality)라 하면 집합 A의 농도는 5이고 "CarA=5"로[23] 표현된다. 한 예로 집합 C와 집합 D에 대한 외연적 표현이 아래와 같다면

C={거북이, 원숭이, 사자, 고래}

D={달팽이, 소라, 조개}

CarC=4이고 CarD=3이므로 C의 농도가 D의 농도 보다 크고 "CarC〉 CarD"로 표현될 수 있다.

집합들 사이의 농도의 차이는 '1대1 대응' 이라는 개념을 사용하여 나타낼 수 있다. 집합 C와 D의 구성요소들을 아래처럼 대응시켜 보겠다.

C={ (거), (원), (사), (고) }
| | |
D={ (달), (소), (조) }

집합 C의 요소들과 집합 D의 요소들을 1대 1로 대응시키면 거북이는 달팽이와, 원숭이는 소라와, 사자는 조개와 대응된다. 위에서 보듯이 D를 구성하는 모든 요소들은 C의 구성요소들과 대응하지만 C를 구성하는 구성요소들 중 고래는 D의 구성요소들 중 어느 것과도 대응하지 않는다. 이처럼 C는 D의 구성요소들에 대응하지 않는 구성요소를 가지고 있으므로 C의 농도가 D의 농도 보다 크다.

집합을 구성하는 요소들의 수를 셈하는 것은 1대1 대응의 개념을 이용하여 설명할 수 있다. 빠뜨리거나, 잘못 말하거나, 중복해서 셈을 하지 않는다면 집합을 구성하는 요소들의 개수를 센다는 것은 집합의 구성요소들과 자연수의 일부와의 1대1 대응일 것이기 때문이다.

자연수 1 2 3 4
| | | |
집합 C={ (거), (원), (사), (고) }

위에서 보듯이 집합 C는 자연수의 일부인 1, 2, 3, 4로 구성된 자연수의 집합과 1대 1 대응한다. 따라서 1, 2, 3, 4로 구성된 자연수의 집합이 F라면 C의 농도와 F의 농도가 같고 "CarC=CarF"로 표현된다.

집합은 크게 유한집합과 무한집합으로 나눌 수 있다. 앞에서 본 것처럼 구성요소의 개수가 유한수인 유한집합의 경우 집합의 농도는 자연수의 일부와의 1대1 대응으로 나타낼 수 있고 이는 집합을 구성하는 요소들의 개수를 센다는 것을 의미한다고 할 수 있다. 그렇다면 구성요소의 수가 무한인 무한집합의 경우엔 어떠한가? 무한집합의 경우에도 농도를 계산하여 집합의 크기를 비교하는 것이 가능한가? 이 질문에 대한 답변은 "그렇다"이다.

1870년대에 게오르그 칸토어(Georg Cantor)라는 독일의 수학자는 '1대1 대응'이라는 개념을 이용하여 무한집합의 농도를 계산하고 무한의 크기를 비교하는 방법을 고안해 낸다.[24)]. 현대 수학은 칸토어가 고안해 낸 무한을 계산하는 방법을 수용하고 있고 현대의 대수학은 무한에 대한 그의 이해에 기초하여 성립한 것이라 해도 과언이 아니다. 그러나 칸토르에 의해 계발된 무한을 셈하는 방식에 따라 이해된 무한 개념은 우리가 소유한 일상적인 상식에 어긋나거나 역리적인 문제를 야기하곤 한다.

자연수와 (양의) 짝수와 관련된 유사패러독스[25)]

짝수는 자연수의 일부분이다. 즉 짝수 전체의 집합은 자연수 전체의 집합의 진부분집합이다. 그런데 자연수와 짝수 사이에는 1대1 대응이 성립하고, 두 집합 사이에 1대1 대응이 성립하면 두 집합의 크기(농도)가 같은 것이다. 따라서 짝수는 자연수의 일부분이지만 그 크기(농도)는 같다.

자연수와 짝수와 관련된 유사패러독스는 진정한 의미에서 패러독스가 아니다. 짝수는 자연수의 일부분이지만 크기가 같다는 결론은 전체와 같은 농도를 갖는 진부분집합을 인정하는 현대 수학에서의 두드러진 특징을 수용한 당연한 결과이기 때문이다. 그러나 부분과 전체의 크기가 동일하다는 주장은 상식적으로는 쉽게 받아들이기 힘든 결론이다. 이러한 이유로 자연수와 짝수와 관련된 앞에서의 논의를 유사패러독스라 칭하겠다. 자연수와 짝수와 관련된 유사패러독스는 논증 A)로 나타낼 수 있다.

A)

1. 양의 짝수는 자연수의 일부이다(짝수 전체의 집합은 자연수 전체의 집합의 진부분집합이다).
2. 두 집합 사이에 1대1의 대응관계가 성립하면 두 집합의 크기(농도)는 같다.
3. 양의 짝수 전체의 집합과 자연수 전체의 집합 사이에 1대1 대응관계가 성립한다.

짝수의 집합은 자연수의 집합의 일부분에 지나지 않지만 크기(농도)는 같다.

전제들이 모두 참이면 결론도 참일 수밖에 없으므로 A)는 타당한 논증이다. 또한 논증을 구성하는 전제들은 모두 실제로 참인 것으로 보인다. 우선 전제 1과 2는 실제로 참이다. 1은 '자연수'와 '짝수'라는 용어의 의미를 따른 귀결이고 2는 현대수학에서의 정설을 수용한 결과이기 때문이다.

자연수={ 1, 2, 3, 4, 5, 6, ...}

| | | | | |

짝수={ 2, 4, 6, 8, 10, 12, ...}

(임의의 자연수 x와 임의의 짝수 y에 대해서 y=2×x이고 y는 자연수 x에 1대 1로 대응하는 짝수이다.)

앞에서 보듯이 어떤 자연수에 대해서도 이에 대응하는 짝수를 일관성 있게 찾아낼 수 있다. 따라서 전제 3도 실제로 참이다.

전제들이 모두 실제로 참이고 타당하므로 논증 A)는 건전한 논증이다. 따라서 자연수와 짝수와 관련된 유사패러독스는 2장에서 살펴본 패러독스의 세 가지 경우 중 세 번째 경우에 해당한다. 그러나 앞에서 언급했듯이 자연수와 짝수의 농도와 관련된 이러한 논의를 패러독스로 취급해서는 안 된다. 일부가 전체와 농도가 동일할 수 있다는 것은 현대 수학이 보이는 주된 특징 중 하나이기 때문이다. 무한집합의 경우 부분이 전체와 동일한 크기(농도)를 가질 수 있다는 단적인 예로 힐베르트의 작품으로 알려진 무한호텔의 비유를 들 수 있다.

무한호텔의 불가사이

1호실, 2호실, 3호실,......의 순으로 무한개의 객실을 가진 무한호텔이 존재하고 이 호텔의 모든 객실이 차있다고 가정하겠다. 이 경우 새로운 손님이 방문하여 빈 객실을 요구하면 무한호텔은 언제나 새로운 손님에게 객실을 제공할 수 있다. 1호실 손님을 2호실로, 2호실 손님을 3호실로 보내는 식으로 손님들을 다음 객실로 보낼 경우 1호실은 비게 되고 1호실에 새로운 손님을 묵게 할 수 있기 때문이다.

무한호텔의 경우 아무리 많은 새로운 손님이 방문해도 그들 모두에게 새로운 객실을 제공할 수 있다. 다음 객실로 손님을 옮기는 절차를 계속하여 반복하면 될 것이기 때문이다.

무한호텔의 불가사이는 전체는 부분의 합과 같고 전체는 항상 부분보다 크다는 상식이 무한의 경우에는 해당되지 않는다는 것을 극명하게 보여준다. 무한개의 객실로 구성된 무한호텔과 자연수 사이에 1대1의 대응관계가 성립하므로 무한호텔과 자연수의 크기(농도)는 같다. 칸토어는 자연수에 0이 추가된 자연수 전체의 집합을 'N'으로 표기한다. 또한 N은 셀 수 있는 집합이므로 가산(可算 countable)농도를 가진 집합이라 할 수 있고 무한 중 최초의 무한농도라는 의미로 $\aleph_0$로 표기된다.

자연수와 짝수와 관련된 유사패러독스에서 본 것처럼 자연수의 일부분과 자연수 전체의 크기(농도)는 동일할 수 있다. 그렇다면 한 집합의 일부분이 자연수의 집합인 경우인 자연수를 진부분 집합으로 갖는 집합과 자연수의 집합의 크기(농도)가 동일할 수 있는가? 한 예로 정수 전체로 구성된 집합의 진부분집합인 자연수의 집합과 정수 전체의 집합의 크기 (농도)는 동일한가?

정수={......, -3, -2, -1, 0, 1, 2, 3,.......}

앞에서 보듯이 자연수는 무한이 한 방향으로 진행되는 반면 정수는 무한이 두 방향으로 진행된다. 따라서 정수와 자연수 사이에는 1대1의 대응관계가 성립하지 않는 것으로 보아 정수와 자연수의 크기(농도)는 동일하지 않다고 판단할 수 있다. 그러나 칸토어에 의하면 정수와 자연수 사이에 1대1의 대응관계가 성립한다. 또한 두 집합 사이에 1대1의 대응관계가 성립한다는 것을 일목요연하게 보일 수 있다. 따라서 칸토어에 의하면 두 무한 집합의 크기(농도)는 같다.

정수와 자연수와 관련된 유사패러독스

자연수의 집합은 정수의 진부분집합이다. 또한 정수의 집합은 자연수의 집합과 달리 두 방향으로 진행되는 무한으로 표현된다. 그러나 자연수의 집합과 정수의 집합은 1대1 대응관계에 있다. 따라서 자연수와 정수 전체의 크기(농도)는 같다.

정수와 자연수와 관련된 유사패러독스는 논증 B)로 나타낼 수 있다.

B)

1. 자연수는 정수의 일부분이다(자연수의 집합은 정수 전체의 집합의 진부분집합이다.).
2. 자연수의 무한은 한 방향으로 진행되는 반면 정수의 무한은 두 방향으로 진행되는 것으로 표현된다.
   자연수={0, 1, 2, 3, ...}
   정수={..., -3, -2, -1, 0, 1, 2, 3, ...}
3. 자연수와 정수 사이에 1대1 대응관계가 성립한다.
4. 두 집합 사이에 1대1 대응관계가 성립하면 두 집합의 크기(농도)는 같다.

자연수는 정수의 일부분이고 자연수와 달리 정수의 무한

은 두 방향으로 진행되는 것으로 보이지만 자연수와 정수의 크기(농도)는 같다.

전제들을 모두 참이라 간주하면 결론도 반드시 참일 것이므로 B)는 타당한 논증이다. 또한 전제 1, 2, 4가 실제로 참이라는 것은 명백하다. 따라서 전제 3이 실제로 참이라는 것을 보이면 논증 B)는 건전한 논증이다.

전제 3이 실제로 참이라는 것은 아래의 방법을 사용하여 쉽게 증명될 수 있다.

정수={...., -3, -2, -1, 0, 1, 2, 3, ...}

우선 위의 정수의 집합의 원소 중 0에 자연수의 집합의 원소인 0를 대응시키고, 정수의 1에 자연수의 1을 대응시키며, 정수의 -1에 자연수의 2를 대응시킨다. 또한 정수의 2에 자연수의 3을 정수의 -2에 자연수의 4를 대응시킨다. 이런 식으로 반복하면 정수를 한 방향으로 진행되는 무한으로 나타낼 수 있다.

정수={0, 1, -1, 2, -2, 3, -3, ...}

정수를 앞에서처럼 열거하면 임의의 어떤 정수에 대해서도 이에 대응하는 자연수를 일목요연하게 찾아낼 수 있다. 한 예로 -10은 자연수 20에 대응한다. 모든 정수에 대해 이에 대응하는 자연수를 대응시킬 수 있으므로 정수의 집합과 자연수의 집합은 1대1 대응관계에 있고 두 집합의 크기는 같다.

전제들이 모두 실제로 참이고 타당한 논증이므로 논증 B)는 건전한 논증이고, 정수와 자연수와 관련된 유사 패러독스는 자연수와 짝수의 경우와 마찬가지로 패러독스의 세 가지 중 세 번째 경우에 해당한다. 그러나 자연수와 짝수의 경우에서 이미 지적했듯이 정수와 자연수와 관련된 유사 패러독스는 패러독스라 할 수 없다. 논증 B)의 결론은 현대수학을 수용한 결과이기 때문이다.

앞에서 보았듯이 자연수의 일부인 짝수와 자연수의 크기(농도)는 같고 정수의 일부분인 자연수와 정수의 크기(농도)도 같다. 모든 정수는 분수로 나타낼 수 있으므로 정수는 분수의 일부분이고 정수의 집합은 유리수 집합의 진부분집합이다.

편의를 위해 양의 유리수만 고려하면 양의 유리수 전체는 도표 Ⓐ처럼 나타낼 수 있다.

Ⓐ

1/1	1/2	1/3	1/4	·	·	·
2/1	2/2	2/3	2/4	·	·	·
3/1	3/2	3/3	3/4	·	·	·
4/1	4/2	4/3	4/4	·	·	·
·	·	·	·	·	·	·
·	·	·	·	·	·	·

도표 Ⓐ에서 볼 수 있듯이 자연수는 무한이 한 방향으로 정수는 두 방향으로 진행되는 것으로 보이는 반면 유리수는 무한한 수의 방향으로 무한이 진행되는 것으로 보인다. 따라서 상식적으로 볼 때 자연수와 유리수 사이에는 1대1 대응관계가 성립할 수 없고 유리수가 자연수보다 농도가 큰 것으로 보인다. 그

러나 칸토어에 의하면 자연수와 유리수 사이에는 1대1 대응관계가 성립하고, 따라서 자연수와 정수의 경우처럼 두 무한집합의 크기(농도)는 같다.

유리수와 자연수와 관련된 유사패러독스

모든 자연수는 분수로 나타낼 수 있으므로 자연수는 유리수의 일부분(진부분집합)이다. 또한 한 방향이나 두 방향으로 진행되는 자연수의 무한이나 정수의 무한과 달리 유리수의 무한은 무한한 수의 방향으로 진행되는 것으로 보이는 무한이다. 그러나 유리수의 집합과 자연수의 집합은 1대1 대응관계에 있다. 따라서 자연수와 유리수의 크기(농도)는 같다.

유리수와 자연수와 관련된 유사패러독스는 논증 C)로 나타낼 수 있다.

C)

1. 자연수는 유리수의 일부분이다(자연수의 집합은 유리수 전체의 집합의 진부분집합이다).
2. 자연수의 무한은 한 방향으로 진행되는 반면 유리수의 무한은 무한한 수의 방향으로 진행되는 것으로 보인다.
3. 자연수와 유리수 사이에 1대1 대응관계가 성립한다.
4. 두 집합 사이에 1대1 대응관계가 성립하면 두 집합의 크기(농도)는 같다.

자연수는 유리수의 일부분이고 자연수와 달리 유리수의 무한은 무한한 수의 방향으로 진행되는 것으로 보이지만 자연수와 유리수의 크기(농도)는 같다.

전제들이 참이고 동시에 결론이 거짓일 가능성이 없으므로 논증C)는 타당한 논증이다. 모든 자연수는 분수로 나타낼 수 있고 도표 Ⓐ에서 보듯이 유리수의 무한은 무한한 수의 방향으로 진행되는 것으로 보이므로 전제 1, 2와 4는 모두 실제로 참이다. 따라서 전제 3이 실제로 참이라는 것을 보이면 논증 C)는 건전한 논증이다.

도표 Ⓐ에 열거된 유리수들을 도표 Ⓑ에 화살표로 나타낸 순서로 열거 시키면 자연수와 유리수 사이에 1대1의 대응관계가 성립하며 전제 3이 실제로 참이라는 것을 보일 수 있다.

Ⓑ

1/1→1/2 1/3→1/4 · · ·
↙ ↗ ↙
2/1 2/2 2/3 2/4 · · ·
↓ ↗ ↙ ↗
3/1 3/2 3/3 3/4 · · ·
↙ ↗
4/1 4/2 4/3 4/4 · · ·
· · · · · · ·
· · · · · · ·

도표 Ⓑ의 화살표 순으로 유리수를 열거하면 유리수의 무한은 자연수의 경우처럼 한 방향으로 진행되는 무한으로 나타낼 수 있다.

유리수={1/1, 1/2, 2/1, 3/1, 2/2, 1/3, 1/4, 2/3, 3/2, 4/1, ...}

한 방향으로 진행된 유리수의 집합에서 유리수들은 일정한 패턴에 따라 일목요연하게 열거되어 있다 (첫 번째 유리수의 분자와 분모의 합이 2이고, 두 번째와 세 번째 유리수의 분자와 분모의 합이 3이고, 4, 5, 6 번째 유리수의 분자와 분모의 합이 4이고, ...). 따라서 어떤 유리수에 대해서도 이에 대응하는 자연수를 찾을 수 있으므로 유리수와 자연수는 1대1 대응관계에 있고 두 무한집합의 크기(농도)는 같다.

전제들이 모두 실제로 참이고 타당한 논증이므로 논증 B)는 건전한 논증이다. 앞에서 본 두 유사패러독스와 마찬가지로 유리수와 자연수와 관련된 유사패러독스는 2장에서 고찰한 패러독스의 세 가지 경우 중 세 번째에 해당된다. 그러나 유리수와 자연수와 관련된 유사패러독스는 앞의 두 유사패러독스처럼 패러독스라 할 수 없다. 논증 C)의 결론도 현대수학을 수용한 당연한 결과이기 때문이다.

5장- 무한, 실수와 우주

앞 장에서 보았듯이 자연수의 진부분집합인 짝수와 자연수의 크기는 같고 정수의 진부분집합인 자연수와 정수의 크기도 같다. 또한 자연수가 진부분집합이고 무한한 수의 방향으로 무한이 진행되는 것으로 보이는 유리수와 자연수의 크기도 같다. 결국 홀수, 짝수, 정수, 유리수는 모두 자연수와 그 크기(농도)가 같은 가산농도를 가진 무한집합이다. 따라서 수학에서의 모든 수는 가산농도를 가진 무한집합으로 자연수의 집합과 그 크기가 같을 것이라 보는 것이 상식적인 판단일 것으로 보인다. 그렇다면 유리수에 무리수를 포함한 실수의 경우는 어떠한가? 실수의 집합도 자연수의 집합과 크기가 같은 가산농도를 가진 무한인가?

실수는 유리수와 무리수를 합친 수이다. 또한 실수는 연속된 하나의 직선으로 나타낼 수 있으므로 연속체라고도 불린다. 실수를 구성하는 두 요소 중 유리수는 분수로 나타낼 수 있는 나누어지는 수인 반면, 무리수는 유리수처럼 분수로 나타낼 수 없는 수이다.

$\sqrt{2}$=1.414213562................

π=3.14159265...................

위에서 보듯이 무리수는 소수 전개를 하면 순환되지 않는 무한소수로 되는 수이다. 어떤 수가 무리수인지를 확인할 수 있는 손쉬운 방법은 존재하지 않는다. 또한 우리는 $\sqrt{2}$나 π처럼 오직 극소수의 무리수만을 알고 있다. 우리가 알고 있는 무리수가 극소수에 불과하고 홀수와 짝수, 정수와 유리수가 모두 자연수와 크기(농도)가 같은 가산농도를 가진 무한이라는 것을 감안하면 유리수에 무리수를 추가한 실수의 집합도 역시 자연수의 집합과 그 크기가 같은 가산농도를 가진 무한이라고 예측하는 것은 지극히 자연스러운 판단이라 할 수 있다. 그러나 이러한 상식적인 판단은 잘못된 것이라는 것이 칸토어에 의해 밝혀진다. 그에 의하면 우리의 상식적인 판단과 달리 실수의 무한은 자연수의 무한보다 크기(농도)가 크고, 따라서 실수의 크기는 최초의 무한 농도인 $\aleph_0$가 아니다. 19세기 말에 칸토어는 '대각선 논법'이라는[26] 증명을 통해 실수의 무한은 자연수의 무한보다 크고, 하나의 크기의 무한만이 존재하는 것이 아니라는 것을 밝히고 있다.

실수와 관련된 유사패러독스

실수는 유리수와 무리수를 합친 수이다. 그러나 우리가 알고 있는 무리수는 $\sqrt{2}$ 나 π처럼 극소수에 불과하다. 또한 홀수, 짝수, 정수, 유리수는 모두 자연수와 그 농도가 같은 가산농도의 무한이다. 이러한 점을 고려하면 상식적으로 볼 때 실수의 집합은 자연수의 집합과 그 크기(농도)가 같은 가산농도를 가진 무한으로 보인다. 그러나 칸토어에 의해 우리는 항시 자연수에 1대1로 대응하지 않는 실수를 찾아낼 수 있다는 것이 발견되었고 이는 실수의 무한이 자연수의 무한보다 크다는 것을 의미한다. 따라서 우리의 상식적인 판단과 달리 실수는 자연수보다 크기(농도)가 큰 집합이자 가산농도를 가진 무한이 아니다.

실수와 관련된 유사패러독스는 논증 A)로 나타낼 수 있다.

A)

1. 실수는 유리수와 무리수를 합친 수이다.
2. π와 $\sqrt{2}$처럼 극소수의 무리수만이 우리에게 알려져 있다.
3. 짝수, 홀수, 자연수가 진부분집합인 정수와 유리수는 모두 자연수와 크기(농도)가 같은 가산농도를 가진 무한이다.
4. 1, 2, 3으로 판단할 때 실수도 자연수와 크기(농도)가 같은 가산농도를 가진 무한이라 보는 것이 상식적인 판단이다.

5. 칸토어의 대각선 논법에 따르면 언제나 자연수에 1대1로 대응하지 않는 실수를 찾아낼 수 있다.
6. 두 집합이 1대1로 대응하지 않는다면 대응되지 않는 원소를 포함한 집합이 그렇지 않은 집합보다 크기(농도)가 큰 것이다.

상식적인 판단에 따르면 실수는 자연수와 크기(농도)가 같은 가산농도를 가진 무한이어야 하지만 실수의 무한은 자연수의 무한보다 크다.

전제들을 모두 참이라 가정하면 결론도 반드시 참일 것이므로 논증 A)는 타당한 논증이다. 앞장에서 살펴보았듯이 전제 1, 2, 3은 모두 실제로 참인 명제이다. 실수의 농도와 관련된 칸토어의 이론에 대해 무지하다고 가정하고 전제 1과 2와 3만 고려하면 4도 실제로 참이라 할 수 있다. 전제 6은 수학에 기본적인 지식만 있으면 누구나 받아들일 집합의 농도와 관련된 기초적인 수학 명제이다. 따라서 전제 5가 실제로 참이라는 것을 보이면 논증 A)는 건전한 논증이라 할 수 있다. 전제 5가 실제로 참이라는 것을 보이는 대각선논법에 의한 칸토어의 증명은 아래처럼 정리될 수 있다.[27]

일정한 길이의 선분을 구성하는 점들의 집합과 실수의 집합의 크기(농도)가 같으므로 논의의 편의를 위해 0과 1 사이의 열린구간 K=(0, 1) (0과 1 사이를 구성하는 점들)과 자연수를 고려의 대상으로 삼겠다. 아래의 도식에서 볼 수 있듯이 K는 적어도 자연수와 1대1로 대응한다.

$1 \leftrightarrow 0.100000000000......$

$2 \leftrightarrow 0.110000000000......$

$3 \leftrightarrow 0.111000000000......$

$4 \leftrightarrow 0.111100000000......$

$5 \leftrightarrow 0.111110000000......$

. . . . .

. . . . .

배리법(Reductio Ad Absurdum)을[28] 사용하기 위해 0과 1 사이의 열린구간 K와 자연수 N 사이에 1대1 대응관계가 성립한다고 가정하겠다. K의 각 점을 무한 소수로 전개하면 도식 B처럼 K와 N 사이의 대응관계를 나타낼 수 있다.

B)

$1 \leftrightarrow \alpha_1 = 0.\ \mathbf{a_{11}}\ a_{12}\ a_{13}\ a_{14}\ a_{15} \cdots$

$2 \leftrightarrow \alpha_2 = 0.\ a_{21}\ \mathbf{a_{22}}\ a_{23}\ a_{24}\ a_{25} \cdots$

$3 \leftrightarrow \alpha_3 = 0.\ a_{31}\ a_{32}\ \mathbf{a_{33}}\ a_{34}\ a_{35} \cdots$

$4 \leftrightarrow \alpha_4 = 0.\ a_{41}\ a_{42}\ a_{43}\ \mathbf{a_{44}}\ a_{45} \cdots$

$5 \leftrightarrow \alpha_5 = 0.\ a_{51}\ a_{52}\ a_{53}\ a_{54}\ \mathbf{a_{55}} \cdots$

. . . .

. . . .

이제 도식 B)에 아래의 방식을 적용하면 도식 B)에 나타나지 않는 새로운 실수 β를 구성 할 수 있다.

C)

새로운 실수 β 구성방법

$\beta = 0.\ b1\ b2\ b3\ b4......bn.........$

각각의 bn에 대해 $0 \leqq a_{nn} \leqq 4$ 이면 $b_n=8$

$5 \leqq a_{nn} \leqq 9$ 이면 $b_n=3$

β는 도식 B)에 열거된 어떤 실수와도 동일하지 않은 실수이다. 예를 들어 β는 도식 B)에 열거된 임의의 실수 a_n과 동일하지 않은 실수이다. β는 최소한 소수점 이하 n 번째 자리에서 a_n과 다를 것($b_n \neq a_{nn}$)이기 때문이다.

한 예로 무한소수로 전개된 K와 N 사이에 다음과 같은 대응관계가 성립한다고 하자.

$1 \leftrightarrow a_1$ = 0. 1 4 5 6 3..............

$2 \leftrightarrow a_2$ = 0. 4 7 6 0 8..............

$3 \leftrightarrow a_3$ = 0. 0 5 7 6 7..............

$4 \leftrightarrow a_4$ = 0. 8 2 0 7 0..............

$5 \leftrightarrow a_5$ = 0. 6 3 5 8 6..............

. . . . .

. . . . .

이 경우 앞의 방식에 따라 구성한 새로운 실수 β*는 아래와 같다.

β*= 0.83333.........

β*는 앞의 도식에 열거된 어떤 실수와도 다른 실수라는 것이 보장된다. β*는 최소한 소수점 이하 첫째자리에서 a_1 과 다르고, a_2 와는 소수점 이하 둘째자리에서 a_n과는 소수점 이하 n 번째 자리에서 다를 것이기 때문이다.

앞에서 언급했듯이 C)에 언급된 방식으로 구성된 실수 β는 도식 A)에 열거된 어떤 실수와도 다른 실수이다. 그러나 K와 N이 1대1로 대응한다는 가정을 받아들이면 β는 도식 A)에 열거된 어떤 하나의 수 a_n과 동일한 수이어야 한다. 그러나 이미 설명했듯이 β는 a_n과 동일한 수일 수 없다. β는 최소한 소수점 이하 n자리에서 a_n과 다를 것($b_n \neq a_{nn}$)이기 때문이다. 따라서 K와 N은 1대 1로 대응하지 않는다.

앞에 정리된 대각선 증명을 통해 볼 수 있듯이 논증 A)의 전제 5는 실제로 참이다. 전제들이 모두 실제로 참이고 타당하므로 논증 A)는 건전한 논증이고 앞에서 고찰한 다른 유사패러독스처럼 실수와 관련된 유사패러독스는 2장에서의 패러독스의 세 가지 경우 중 세 번째 경우에 해당하고 현대수학에 따르면 결론은 실제로 참이다. 논증 A)의 결론은 현대수학을 수용한 당연한 결과이다. 따라서 다른 유사패러독스처럼 실수와 관련된 유사패러독스는 패러독스가 아니다.

앞에서 보았듯이 칸토어는 실수의 무한이 자연수의 무한 보다 크기(농도)가 크다는 것을 증명했다. 따라서 한 가지 크기의 무한만이 존재하는 것이 아니라 서로 크기가 다른 무한들이 존재한다. 칸토어는 실수의 무한의 농도를 첨자 없이 $\aleph$로 표기한다. 따라서 한 집합의 크기(농도)를 'Car'로 표기하고 실수의 집합을 R로, 자연수의 집합을 N으로 표시하면 실수와 자연수 사이의 크기(농도)와 관련된 관계는 아래처럼 정리될 수 있다.

$CarN=\aleph_0$

$CarR=\aleph$

[29]$\aleph < \aleph_0$

실수의 무한이 자연수의 무한보다 크다면 한 가지 크기의 무한만이 존재하는 것이 아니다. 따라서 실수의 무한보다 농도가 큰 무한도 존재할 수 있을 것이라 예측하는 것은 지극히 자연스러운 일일 것이다.

평면은 선분보다 차원이 높다. 선분이 1차원이라면 평면은 2차원의 존재이기 때문이다. 또한 선분을 구성하는 점들은 평면을 구성하는 점들의 지극히 극소한 부분에 불과하다. 따라서 우리는 평면을 구성하는 점들의 집합은 선분을 구성하는 점들의 집합보다 농도가 클 것이라 예측할 수 있다.

일정한 길이의 선분을 구성하는 점들의 집합은 실수의 무한에 해당하는 농도를 가진다. 따라서 평면을 구성하는 점들의 집합이 선분을 구성하는 점들의 집합보다 농도가 크다면 우리는 실수의 무한보다 큰 무한을 찾아낸 셈이다. 그러나 평면이 선분보다 농도가 클 것이라는 칸토어 자신의 예측과 달리 평면과 선분의 농도가 동일하다는 것이 칸토어 의해 밝혀진다. 칸토어가 당대의 수학자 데데킨트(Dedekind)에게[30] 보낸 편지에서 언급한 "나는 보았어도 믿지 않는다."라는 말에서 볼 수 있듯이 칸토어 자신도 이러한 결과를 받아들이기 힘들어 했던 것으로 보인다.[31]

선분과 평면과 관련된 유사패러독스

평면은 무한하게 많은 선분을 포함하고 있고 선분은 1차원인 반면 평면은 2차원의 존재로 차원이 다르다. 따라서 평면의 농도가 선분의 농도보다 클 것이라 판단하는 것은 지극히 상식적이다. 그러나 칸토어는 자신의 예측과도 달리 평면과 선분의 농도가 같다는 것을 증명한다. 따라서 우리의 상식적 판단과 달리 평면을 구성하는 점들의 집합은 선분을 구성하는 점들의 집합보다 크기(농도)가 크지 않다.

선분과 평면과 관련된 유사패러독스는 논증 D)로 나타낼 수 있다.

D)

1. 평면은 무한하게 많은 선분을 포함하고 있고 선분은 1차원인 반면 평면은 2차원으로 근본적으로 차원이 다른 존재이다.
2. 1에 의해 평면을 구성하는 점들의 집합의 농도가 선분을 구성하는 점들의 집합보다 크기가 클 것이라 판단하는 것은 지극히 상식적이다.
3. 칸토어는 평면을 구성하는 점들의 집합과 선분을 구성하는 점들의 집합의 농도는 동일하다는 것을 증명했다.

우리의 상식적 판단과 달리 평면을 구성하는 점들의 집

합은 선분을 구성하는 점들의 집합보다 크기(농도)가 크지 않다.

전제들이 참이고 동시에 결론이 거짓일 가능성이 없으므로 논증 D)는 타당하다. 또한 전제 1과 2는 모두 실제로 참이라 할 수 있다. 전제 1은 누구나 받아들이는 명백한 사실을 서술한 명제이고 전제 2는 전제 1을 수용한 지극히 당연한 예측일 것이기 때문이다. 따라서 전제 3이 실제로 참이라는 것을 보이면 논증 D)는 건전한 논증이다. 전제 3이 실제로 참이라는 증명은 아래처럼 정리될 수 있다.

일정한 길이의 선분 A를 구성하는 점들의 집합의 농도는 실수 전체의 집합의 농도와 같다. 따라서 실수 전체의 집합을 R이라 한다면 한 변의 길이가 선분 A의 길이와 같은 평면 B는 R^2 (R×R)일 것이다. 논의의 편의를 위해 A는 0에서 1까지의 선분이고 B는 한 변의 길이가 1인 정방형의 평면이라 가정하고 A의 열린구간 A=(0, 1)(0과 1을 포함하지 않는 선분)과 정방형 B의 내부 사이에 1대1 대응관계가 성립하는가 여부를 살펴보겠다.

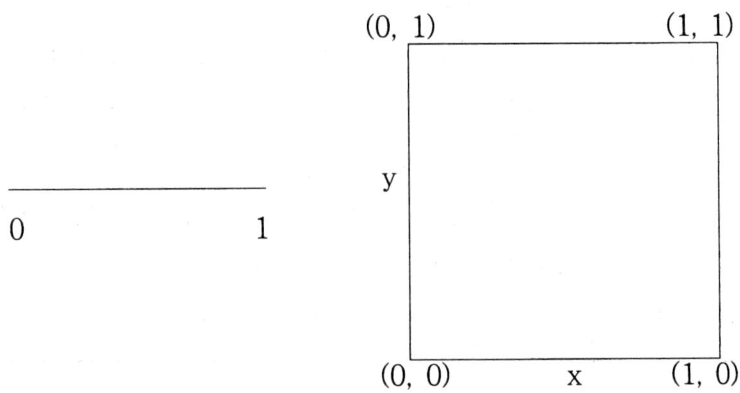

A의 열린구간 정방형 B의 내부

위 도식에 따라 A와 B는 아래처럼 나타낼 수 있다.

A의 열린구간=(0, 1)

B의 내부={(x, y): 0 〈 x, y 〈 1}

B의 내부의 어떤 한 점에 대해서도 이에 대응하는 A의 열린 구간에서의 한 점을 찾아낼 수 있고, A의 열린구간에서 택한 어떤 한 점에 대해서도 이에 대응하는 한 점을 B의 내부에서 찾아낼 수 있다면 선분 A를 구성하는 점들의 집합과 평면 B를 구성하는 점들의 집합 사이에는 1대 1 대응관계가 성립한다 할 수 있다.

이제 B 내부의 한 점 P를 택하고 그 좌표를 (x, y)로 해서 x와 y를 무한소수로 나타낸다.

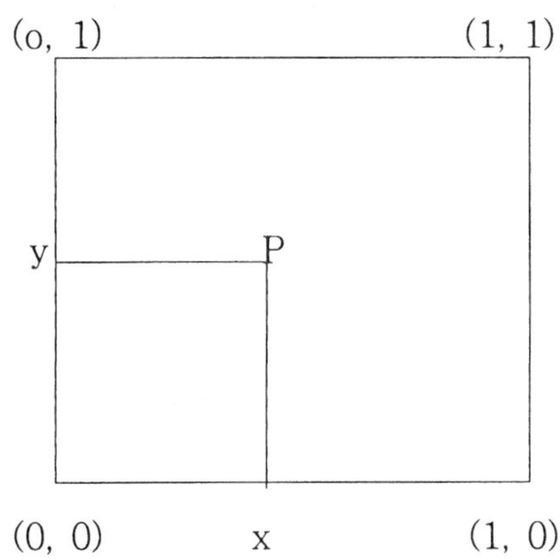

소수자리 이하로 0이 무한으로 계속되는 유한소수인 경우에는 0이 아닌 마지막 소수자리 수에서 1을 빼서 9가 계속되는 무한소수로 바꾼다. 한 예로 유한소수가 0.7640000.....인 경우 0.7639999..... 로 바꾼다. 이제 정방형 내부의 한 점 P의 좌표인 x와 y가 다음과 같은 무한 소수로 전개되었다고 가정하겠다.

$x=0.x_1\ x_2\ x_3\ x_4$ ....

$y=0.y_1\ y_2\ y_3\ y_4$ ....

각각의 xi와 yi는 0부터 9까지의 수이다. 따라서 0에서 시작해서 0가 아닌 수가 나올 때까지를 하나의 단위로 묶을 수 있다. 0에서 시작해서 0이 아닌 수가 나올 때까지를 하나의 단위로 묶는 것을 단위표기라 한다면 x와 y는 각기 아래처럼 단위표기로 나타낼 수 있다.

$x=0.a_1\ a_2\ a_3\ a_4$ ....

$y=0.b_1\ b_2\ b_3\ b_4$ ....

한 예로 x가 0.50400200372.....이라면 x는 아래처럼 단위로 묶을 수 있다.

x=0.5/04/002/003/7/2/........

여기서 a_1은 5이고 a_2는 04, a_3는 002, a_4는 003일 것이다. 이러한 방식으로 열거된 P의 좌표 x와 y에 대한 단위표기로부터 아래의 방식으로 새로운 수 δ를 찾아낼 수 있다.

$\delta=0.a_1\ b_1\ a_2\ b_2\ a_3\ b_3\ a_4\ b_4$ ......

한 예로 x가 앞에서 단위표기한 수이고 y가 아래와 같은 수라고 가정하면

y=0.300720120006......

y=0.3/007/2/01/2/0006/......

b_1은 3이고 b_2는 007, b_3는 2, b_4는 01이다. 따라서 x와 y의 단위표기를 순차적으로 교대로 열거한 δ*는 아래와 같은 수이다.

δ*=0.53040070022003017220006.......

쉽게 알 수 있듯이 δ는 A의 열린구간에 있는 하나의 점에 해당하는 실수이다. 따라서 우리는 B의 내부에 위치한 어떤 한 점에 대해서도 이에 대응하는 A의 열린구간에 속하는 하나의 점을 찾아낼 수 있다는 것을 보인 셈이다.

지금까지의 조작을 역으로 행하면 A의 열린구간에 속하는 어떤 한 점에 대해서도 이에 대응하는 B의 평면 내부의 한 점을 찾아낼 수 있다. 소수점 이하로 무한 전개되는 무한소수 ε는 아래와 같은 실수라 가정하겠다.

ε=0.00240723003068........

ε는 A의 열린구간에 속한 하나의 점에 해당하는 실수이다. 앞에서 δ를 찾아낸 조작을 역으로 행하면 ε로부터 ε에 해당하는 점에 대응하는 하나의 점을 평면 B의 내부에서 찾아낼 수 있다. 우선 ε를 0에서 시작해서 0이 아닌 수로 끝나는 곳까지를 하나의 묶음으로 표기하면 아래와 같이 ε가 구획된다.

ε=0.002/4/07/2/3/003/06/8/......

앞에서 우리는 x와 y의 단위표기를 순차적으로 교대로 열거하여 새로운 실수 δ를 찾아냈다. 이 과정을 ε에 역으로 적용하면 a_1은 002이고 b_1은 4, a_2는 07, b_2는 2, a_3는 3, b_3는 003,

a_4는 06, b_4는 8이다. 쉽게 알 수 있듯이 우리는 실수 ε에 해당하는 A의 열린구간 내의 한 점에 대응하는 B 내부의 한 점의 좌표를 찾아낼 수 있다. 즉 아래의 두 실수가 좌표 x와 y에 해당하는 수이다.

$x=0.a_1\ a_2\ a_3\ a_4\ ....$
$x=0.00207306.......$

$y=0.b_1\ b_2\ b_3\ b_4\ ....$
$y=0.420038.......$

앞에서 정리한 내용을 통해 논증 D)의 세 번째 전제가 실제로 참이라는 것이 밝혀졌다. 따라서 전제들이 모두 실제로 참이고 타당하므로 논증 D)는 건전한 논증이다. 다른 유사패러독스처럼 선분과 평면과 관련된 유사패러독스는 앞에서 고찰한 패러독스의 세 가지 중 세 번째 경우에 해당한다. 또한 논증 D)의 결론은 현대수학의 당연한 귀결이므로 이 유사패러독스는 패러독스가 아니다.

선분과 무한한 수의 선분을 포함하고 있는 평면의 크기(농도)가 동일하다는 선분과 평면과 관련된 유사패러독스에서의 논의는 3차원의 공간처럼 평면보다 큰 차원의 대상에도 적용될 수 있다. 한 예로 일정한 크기의 3차원 공간의 경우 공간 내의 한 점 Q는 3개의 변수 x와 y와 z를 사용하여 좌표로 나타낼 수 있다. 좌표를 구성하는 x와 y와 z는 각각 무한소수로 나타낼 수 있으므로 각각의 무한소수를 단위표기하고 x와 y와 z에 해당하는 단위표기를 순차적으로 교대로 열거하면 공간 내의 점 Q에 해당하는 하나의 실수를 구성해 낼 수 있고 이는 선분에서의 한 점에 해당하는 실수이다. 예를 들어 한 변의 길이와 높이가 각기 1인 정육면체 내부에 위치한 한 점 Q의 좌표 x와 y와 z를 단위로 구획한(0에서 시작해서 0이 아닌 수까지를 하나의 묶음으로 한) 것이 아래와 같다면

x=0.3/006/02/7/........

y=0.7/03/0005/08/.......

z=0.5/6/0007/002/.......

x와 y와 z의 단위표기를 순차적으로 교대로 열거한 수 ɣ는 아래와 같을 것이다.

ɣ=0.37500603602000500077080002.........

ɣ는 한 변의 길이와 높이가 1인 정육면체 내부의 한 점을 나타내는 실수이지만 동시에 길이가 1인 선분의 열린구간에서의 하나의 점이다.

동일한 논의가 3차원의 공간에 시간의 차원을 추가한 4차원의 세계나 5차원의 대상에도 적용될 수 있다. 이 논의를 우리가 살고 있는 우주에 적용시켜보겠다. 앞에서의 논의에 따르면, 우주가 무한으로 열린 세계가 아니라면(유한하다면) 우주를 구성하는 각각의 점들은 하나의 실수로 나타낼 수 있고 우주를 구성하는 점들의 집합의 크기(농도)는 실수의 집합의 크기(농도)와 동일하다. 앞에서 보았듯이 아무리 적더라도 일정한 크기를 가진 선분은 실수의 집합의 농도를 가진다. 결국 물리적인 측면에서가 아닌 농도의 측면으로 볼 때 우리의 머리카락 한 올이나 한 개의 좁쌀 안에 존재하는 점의 수는 광대무변한 우주를 구성하는 점의 수와 같고 이것은 우리의 머리카락 한 올이나

한 개의 좁쌀 안에서 우주가 표현될 수 있다는 것을 함축할 것이다.

6장-집합과 러셀의 패러독스

앞장에서 우리는 실수의 무한이 자연수의 무한보다 농도가 크다는 사실을 칸토어의 증명을 통해 살펴보았다. 무한의 크기가 하나만이 아니고 실수의 무한이 자연수의 무한보다 크다면 다음은 당연히 제기될 수 있는 질문일 것이다.

실수의 무한보다 크기(농도)가 작지만 자연수의 무한보다 크기(농도)가 큰 무한은 존재하지 않는가?

이 질문에 대한 칸토어의 답변은 실수의 무한보다 작고 자연수의 무한보다 큰 크기(농도)를 갖는 집합은 존재하지 않는다는 것이다. 1878년에 칸토어는 자연수의 무한과 실수의 무한의 농도인 $\aleph_0$와 $\aleph$ 사이의 농도를 갖는 무한집합은 존재하지 않을 것이라 예상하는 발표를 하는데 이것이 그 유명한 원래의 '연속체 가설'이다. 칸토어는 실수를 2진법으로 전개하는 방식을 고려하여 실수의 집합의 농도인 $\aleph$는 2의 자연수승일 것($\aleph=2^{\aleph_0}$)이라 착상하게 된다. 2의 자연수승($2^{\aleph_0}$)은 자연수 집합의 멱집합에 해당되는 농도이다.

멱집합(power set)이란 원래 집합의 모든 부분집합으로 구성되는 집합이다. 한 예로 집합 A가 아래처럼 세 개의 자연수로 구성된 집합이라 하자.

$A=\{1, 2, 3\}$

A의 멱집합은 공집합(Ø)과 A 자체를 포함하여 8개의 요소로 구성된 집합이다. 따라서 '$\wp A$'가 A의 멱집합을 의미한다면 A의 멱집합은 아래처럼 나타낼 수 있다.

$\wp A=\{\emptyset, \{1\}, \{2\}, \{3\}, \{1, 2\}, \{1, 3\}, \{2, 3\}, \{1, 2, 3\}\}$

집합 A를 구성하는 요소들의 수는 3이고 A의 멱집합 $\wp A$를 구성하는 요소들의 수는 8이다. 즉 $\wp A$의 크기는 2에 집합 A의 요소들의 수(3)만큼 제곱한 $2^3=2\times2\times2$이다. 이처럼 한 집합 β를 구성하는 요소들의 수가 n이라면 β의 멱집합을 구성하는 요소들의 수는 2의 n승이다.

$Car\wp\beta=2^n$

집합 A와 A의 멱집합 $\wp A$에서 볼 수 있듯이 유한집합의 경우 멱집합의 크기(농도)는 원래의 집합보다 크다. 칸토어는 유한집합의 경우와 마찬가지로 무한집합의 경우에도 멱집합은 원래의 집합보다 크기가 크다는 것을 증명한다.[32] 무한집합의 멱집합이 원래의 무한집합보다 크기가 크다는 것은 $\aleph_0$로부터 시작하여 크기가 다른 (이전보다 크기가 큰) 무한으로 계속되는 무한의 계열이 존재한다는 것을 함축한다. 자연수 집합의 멱집합은 자연수의 집합보다 클 것이고 자연수의 멱집합의 멱집합은 자연수의 멱집합보다 클 것이고, 멱집합은 원래의 집합보다 농도가 크므로 이 과정은 무한히 계속될 수 있기 때문이다. 따라서 자연수 집합의 농도를 $\aleph_0$로 자연수집합의 멱집합을 $\aleph_1$로 자연수의 멱집합의 멱집합을 $\aleph_2$로 표기하는 방식으로 순차적으로 상이한 크기의 무한을 열거하면 우리는 아래와 같은 식을 얻게 된다.

$$\aleph_0 < \aleph_1 < \aleph_2 < \aleph_3 \cdots\cdots$$

이것이 소위 수학자들이 '끝없이 보다 큰 무한으로 올라가는 **천국으로 올라가는 무한 사다리**'라 일컫는 것이다.[33)]

무한집합과 관련된 칸토어의 연구 성과는 수학의 역사상 가장 위대한 업적 중 하나로 평가되고 있다. 또한 현대의 수학자들은 칸토어의 발견을 당연한 전제로 받아들이고 연구 활동을 하고 있다. 그러나 칸토어에 의해 구축된 집합론과 집합 개념은 심각한 철학적 · 논리적 문제를 안고 있다는 것이 칸토어 자신과 러셀과 같은 철학자들에 의해 밝혀진다.

사실 집합이라는 개념은 불명확한 측면을 갖고 있는 개념이라 할 수 있다. 우리는 흔히 집합을 지각이나 사고의 대상이 될 수 있는 서로 구별될 수 있는 대상들의 모임으로 이해하고 있다. 칸토어의 집합에 대한 정의도 우리들이 가진 집합에 대한 이해와 크게 다르지 않다. 그의 정의에 따르면 하나의 집합이란 우리의 직관이나 사고의 대상이 될 수 있는 것으로서 명확하고 동시에 서로 구별된 대상들을 하나의 전체로 모은 것이다. 집합에 대한 우리의 상식적인 이해나 칸토어의 정의를 무한집합에 적용할 경우 의문이 발생한다. 무한집합을 구성하는 원소들이 서로 잘 구별되는 명확한 대상들인가? 한 예로 실수 전체의 집합의 멱집합을 구성하는 원소들이 서로 잘 구별되는 명확한 대상들이라 할 수 있는가? 이러한 의문에 대한 설득력 있는 답변은 찾기 힘들 것으로 보인다. √2 나 π처럼 우리가 알고 있는 무리수가 극소수에 불과하다는 사실이 말해 주듯이, 실수 집합의 멱집합은 물론이고 실수를 구성하는 한 축인 무리수에 대한 우리의 이해는 지극히 한정되어 있기 때문이다.

자신이 계발한 집합이론과 무한집합이라는 개념에 논리적 · 철학적 문제가 내포해 있다는 것을 밝힌 것은 다름 아닌 칸토어 자신에 의해서였다. 1885년에 칸토어는 순서수(순서를 부여할 수 있는 수)와 관련하여 자신의 집합론에서 모순이 발생할 수 있다는 것을 증명한다. 그러나 무한 개념과 그리고 집합이론 일반과 직접적으로 밀접하게 연결되어 있고 오늘에도 중요시되는 것은 멱집합과 관련된 소위 '칸토어의 패러독스'이다.[34)]

칸토어의 패러독스

아래처럼 나타낼 수 있는 모든 집합의 집합을 A라 칭하겠다.

A={x: x는 집합이다.}

A는 모든 집합의 집합이므로 어떤 집합도 A의 원소이다. 칸토어에 따르면 모든 집합에 대해 그 집합의 멱집합이 존재하고 멱집합의 크기(농도)는 원래 집합의 크기보다 크다. 따라서 A의 멱집합의 크기는 A의 크기보다 커야한다.

$\mathrm{Car}A < \mathrm{Car}\wp A$

그러나 A의 멱집합은 하나의 집합이고 A에 속해야하므로 A의 멱집합의 크기(농도)는 A의 크기보다 클 수 없다. 따라서 A의 멱집합의 크기는 A보다 크고 크지 않다.

칸토어의 패러독스는 A)처럼 논증으로 표현될 수 있다.

A)

1. 어떤 집합에 대해서도 그 집합의 멱집합이 존재하고 멱집합은 원래의 집합보다 그 크기(농도)가 크다.
2. 모든 집합의 집합을 A(A={x: x는 집합이다.})라 하면 모든 집합 각각은 모두 A의 원소이다.
3. 집합 A의 멱집합도 집합이므로 A를 구성하는 하나의 원소이다.
4. 한 집합의 원소가 집합일 경우 원소 집합은 자신이 속해 있는 집합보다 크기(농도)가 클 수 없다.
5. 전제 1에 따르면 A의 멱집합은 A보다 크기가 크다.

6. 전제 3과 4에 의해, A의 멱집합은 A보다 크기가 크지 않다.

모든 집합의 집합인 A의 멱집합은 A보다 크기가 크고 크지 않다.

논증 A)는 타당하다. 논증 A)의 결론은 전제 5와 6으로부터 직접적으로 유도된 귀결이고 전제 5는 전제 1을, 전제 6은 전제 3과 4를 받아들인 필연적 결과이기 때문이다. 또한 논증 A)를 구성하는 전제들은 모두 실제로 참이라 할 수 있다. 전제 2와 3은 모든 집합을 원소로 한다는 모든 집합의 집합인 A에 대한 정의를 따른 것에 불과하고 전제 1과 4는 칸토어의 집합론에서 핵심적 명제들이기 때문이다. 따라서 논증 A)는 전제들이 실제로 참이어야 하고 논증이 타당해야 한다는 연역논증의 건전성 기준을 만족시킨다고 할 수 있다. 이렇게 볼 때 칸토어의 패러독스는 2장에서 살펴본 패러독스의 세 가지 경우 중 마지막 경우인 전제들 중 일부를 부정하지 않는 한 결론을 수용할 수밖에 없는 경우에 해당한다고 할 수 있다.

그러나 'A의 멱집합은 A보다 크기가 크고 크지 않다.'는 논증 A)의 결론은 명백한 모순 명제이다. 결국 논증 A)의 전제들이 칸토어의 집합론이 받아들이는 기본명제들이라는 것을 감안하면 칸토어의 집합론은 그 내부에 모순을 내포하고 있는 셈이다. 쉽게 알 수 있듯이 논증 A)의 전제들로부터 모순이 발생하는 이유는 전제 1과 4 때문이다. 따라서 논증 A)에서 모순이 도출되는 것을 막는 한 가지 방법은 전제 1과 4 중 하나를 포기하는 것이다. 그러나 칸토어는 이 방법을 택할 수 없다. 전제 1과 4는 모두 칸토어의 집합론이 성립하기위해 필요한 필수적인 명제들이기 때문이다. 대신에 칸토어는 '모든 집합의 집합'을 집합으로 취급하지 않는 방안을 제시한다. 모든 집합의 집합인 A를 집합으로 취급하지 않으면 전제 2는 성립하지 않고 따라서 모순적 결론도 도출되지 않는다. 그러나 모든 집합의 집합을 집합으로 간주하지 않는 방식으로 모순적인 결론을 회피하려는 칸토어의 시도는 임시방편적인 타협안이자 일시적인 모면책에 불과한 것으로 보인다.[35)]

앞에서 보았듯이 칸토어의 패러독스는 멱집합은 원래의 집합보다 농도가 크다는 멱집합의 특성과 관련된 패러독스이다. 따라서 칸토어의 패러독스는 자신이 개발한 집합론을 구성하는 기본명제들을 수용함에 의해 파생되는 다소 전문적이고 이론의존적인 패러독스라 할 수 있다. 이에 반해 러셀이 발견한 집합과 관련된 패러독스는 집합 개념 자체와 관련된 보다 근원적인 문제를 제기하는 패러독스라 할 수 있다.

러셀은 프레게(G. Frege)의 저술 『대수의 기본 법칙*Grundgesetze der Arithmetik*』을[36)] 읽고 연구하던 중인 1901년에 집합개념과 관련된 소위 '러셀의 패러독스'를 발견한다. 1901년은 러셀이 30이 채 안된 나이로 화이트헤드(A. N. Whitehead)의 지도하에 수리논리학에 대한 연구에 몰두하던 시기이다. 그 후 1년 뒤인 1902년에 러셀은 자신이 발견한 내용을 프레게에게 보내는 한통의 편지 속에 기술하게 되고 이를 계기로 제논의 패러독스와 함께 세인들에게 가장 자주 거론되며, 지성사적으로 그 영향력이 지대한 러셀의 패러독스가 세상에 알려지게 된다. 프레게에게 보낸 편지에서 러셀의 패러독스는 '술어'에 대한 내용으로 되어 있으나 본질적으로 러셀의 패러독스는 집합과 관련

된 패러독스이다.[37)]

러셀의 패러독스

집합은 자기 자신이 자신의 원소가 될 수 없는 정상적인 집합과 자기 자신이 자신의 원소가 될 수 있는 비정상적인 집합으로 나눌 수 있다. 한 예로 사람들의 집합 자체는 사람이 아니므로 정상적인 집합이지만 아래의 집합은 비정상적인 집합이다.[38)]

A={x: x는 집합이다.}

A도 하나의 집합이므로 집합 A에 대한 규정에 따라 A의 원소이어야 할 것이기 때문이다. 이제 아래의 집합 α를 고려해 보겠다.

α={x: x는 집합이고, x는 x의 원소가 아니다.} (α={x: x is a set & x∉x})

α는 자기 자신이 자신의 구성요소가 될 수 없는 집합들로 구성된 집합이므로 α는 정상적인 집합들로 구성된 집합이다. 그렇다면 α는 α에 속하는가? 다시 말해 α는 α의 원소인가 (α∈α)?

우선 α가 α에 속한다면 (α∈α), α는 정상적인 집합들로 구성되었다는 α에 대한 규정에 따라 α는 α에 속할 수 없다 (α∉α). 또한 α가 α에 속하지 않는다면 (α∉α), α는 정상적인 집합들의 집합이라는 α에 대한 규정에 따라 α는 α에 속한다 (α∈α). 따라서 정상적인 집합 α로부터 모순이 발생한다.

러셀의 패러독스는 아래처럼 논증으로 표현될 수 있다.

B)

1. α (α={x: x는 집합이고 x는 x에 속하지 않는다(x∉x).})는 정상적인 집합들의 집합이다.
2. α는 α에 속하거나(α∈α), α는 α에 속하지 않는다(α∉α).
3. α가 α에 속한다면, α는 α의 원소이므로 정상적인 집합들의 집합이란 α에 대한 규정에 따라 α는 정상적인 집합이고, 따라서 α는 α에 속하지 않는다.
4. α가 α에 속하지 않는다면 α는 정상적인 집합이므로, α는 정상적인 집합들의 집합이란 α에 대한 규정에 따라 α는 α에 속해야 한다.

α는 α에 속하고 속하지 않는다.

전제들이 모두 참이고 동시에 결론이 거짓일 가능성이 없으므로 논증 B)는 타당한 논증이다. 또한 전제들은 모두 실제로 참이라 할 수 있다. 전제 1은 α가 정상적인 집합들의 집합이라는 주장에 불과하고 전제 2는 논리적 진실이며 전제 3과 4는 정상적인 집합들의 집합인 α에 대한 규정을 따른 필연적인 귀결에 불과하기 때문이다. 따라서 논증 B)는 전제들이 실제로 참이고 타당해야 한다는 연역논증에서의 건전성 기준을 만족시킨다. 그러나 논증B)의 결론은 모순명제이다. 이렇게 볼 때 러셀의 패러독스는 칸토어의 패러독스처럼 패러독스의 세 가지 경우 중 마지막 경우인 논증의 결론이 명백하게 거짓으로 판단되지만 전제들의 일부를 부정하지 않는 한 결론을 수용할 수밖에 없는 경우에 해당한다 할 수 있다.

러셀의 패러독스는 집합론 그리고 집합이라는 개념자체에 근본적인 문제점이 있다는 것을 보여주는 패러독스라 할 수 있다.[39] 러셀의 패러독스가 세인들에게 가장 널리 알려진 패러독스이고 동시에 학문적으로 또한 지성사적으로 중요하고 영향력이 지대한 패러독스인 때문인지 러셀의 패러독스는 그 내용을 알기 쉬운 비유로 표현한 여러 가지 형태가 존재한다. 이 중 가장 유명한 것이 이발사의 패러독스와 시장의 패러독스라 할 수 있다.

이발사의 패러독스[40]

한 마을에 유일한 이발사인 K가 있는데 K는 자신의 수염을 스스로 깎지 않는 마을 사람들 모두를 그리고 그러한 사람(자신의 수염을 스스로 깎지 않는 사람)만의 수염을 깎아준다. 이 경우 K는 자신의 수염을 깎을 것인가, 깎지 않을 것인가?

K가 자신의 수염을 스스로 깎는다면, K는 자신의 수염을 스스로 깎지 않는 마을사람의 수염만을 깎으므로 K는 자신의 수염을 깎을 수 없다. 반면에 K가 자신의 수염을 스스로 깎지 않는다면, K는 스스로 자신의 수염을 깎지 않는 모든 마을 사람들의 수염을 깎아야 하므로 K는 자신의 수염을 깎아야 한다. 두 경우에 모두 모순이 발생하므로 K는 스스로 자신의 수염을 깎을 수도 깎지 않을 수 도 없다.

간단한 우화처럼 보이지만 이발사의 패러독스는 정상적인 집합들의 집합과 관련된 원래의 러셀의 패러독스와 그 근본적 성격이 동일한, 집합론이 안고 있는 근본적 문제를 제기하고 있는 패러독스이다. 이발사의 패러독스에 등장하는 마을의 유일한 이발사인 K가 면도해 주는 마을사람들의 집합을 β(β={x: x는 마을사람이고 x는 스스로 자신이 면도를 하지 않는다})라 칭하겠다. β는 K가 면도해 주는 마을사람들의 집합인데 β는 스스로 자신의 수염을 깎지 않는 마을사람들로만 구성된다. 따라서 스스로 자신의 수염을 깎는 마을사람들은 β의 원소가 될 수 없다. 이 경우 정상적인 집합들의 집합인 α가 α에 속할 수도 속하지 않을 수도 없는 것처럼 K는 β에 속할 수도 속하지 않을 수도 없다. K가 β에 속한다면 (K가 K의 수염을 깎는다면), β에 대한 규정에 따라 K는 β에 속할 수 없고(K는 K의 수염을 깎을 수 없고), K가 β에 속하지 않는다면 (K가 K의 수염을 깎지 않는다면) K는 스스로 수염을 깎지 않으므로 β의 규정에 따라 K는 β에 속해야 한다.

이발사의 패러독스는 아래의 논증 C)로 표현될 수 있다.

C)

1. K는 한마을 A의 유일한 이발사이다.
2. K는 A 마을에 사는 마을사람들 중 스스로 수염을 깎지 않는 사람들 모두를 그리고 오직 그들만의 수염을 깎는다.
3. K는 자신의 수염을 스스로 깎거나 깎지 않는다.
4. K가 자신의 수염을 스스로 깎는다면 전제 2에 따라 K는 자신의 수염을 깎을 수 없다.
5. K가 자신의 수염을 스스로 깎지 않는다면 전제 2에 따라 K는 자신의 수염을 스스로 깎아야 한다.

K는 자신의 수염을 스스로 깎을 수도 깎지 않을 수도 없다.

원래의 러셀의 패러독스를 논증으로 표현한 논증 B)처럼 논증 C)도 연역논증의 건전성 기준을 만족시키고 있다. 전제 1과 2는 기본적인 가정이고 전제 3은 논리적 진실의 명제, 전제 4와 5는 전제 2로부터 필연적으로 귀결되는 명제들이므로 전제들은 모두 실제로 참이라 할 수 있고 C)는 타당한 논증이기 때문이다. 따라서 이발사의 패러독스도 원래의 러셀의 패러독스처럼 패러독스의 세 가지 경우 중 마지막 경우에 해당한다. 이것은 지극히 당연한 결과이다. 이발사의 패러독스는 그 근본적 성격으로 볼 때 원래의 러셀의 패러독스와 동일한 패러독스라 할 수 있기 때문이다. 이발사의 패러독스와 마찬가지로 시장의 패러독스도 근본적으로 원래의 러셀의 패러독스를 알기 쉬운 비유로 표현한 것에 불과하다.

시장의 패러독스

한 나라 A의 모든 시에는 반드시 시장이 있어야 하는데 A나라의 시장들은 자신이 시장으로 있는 시에 거주하지 않는 경우가 많았다. 이러한 이유 때문에 A나라에서는 시장시市長市를 만들고 자신이 시장으로 있는 시에 거주하지 않는 시장들은 반드시 그리고 그러한 시장들만 시장시에 거주해야 한다는 특별법을 제정했다. 따라서 이 법률에 따르면 시장시에 거주하는 주민들은 자신이 시장으로 있는 시에 거주하지 않는 시장들이다. 그렇다면 A나라의 모든 시에는 시장이 있어야 하므로 시장시에도 시장이 있어야 하는데 시장시의 시장 a는 시장시에 거주하는가?

시장시의 시장 a가 시장시에 거주한다면 시장시에는 자신이 시장으로 있는 시에 거주하지 않는 시장만이 거주할 수 있다는 특별법의 내용과 모순된다. 또한 a가 시장시에 거주하지 않는다면 특별법에 따라 시장시의 시장인 a는 반드시 시장시에 거주해야 한다. 따라서 시장시의 시장인 a는 시장시에 거주할 수도 거주하지 않을 수도 없다.

시장시의 패러독스는 아래처럼 논증으로 표현될 수 있다.

D)

1. A나라의 모든 시에는 반드시 시장이 있어야 한다.
2. A나라의 시장시에는 자신이 시장으로 있는 시에 거주하지 않는 모든 시장들이 그리고 그러한 시장들만 거주해야 한다.

3. A나라의 시장시의 시장 a는 시장시에 거주하거나 시장시에 거주하지 않는다.
4. a가 시장시에 거주한다면 전제 2에 따라 a는 시장시에 거주할 수 없다.
5. a가 시장시에 거주하지 않는다면 전제 2에 따라 a는 시장시에 거주해야 한다.

---

a는 시장시에 거주할 수도 거주하지 않을 수도 없다.

이발사의 패러독스를 논증으로 표현한 논증 C)처럼 논증 D)도 연역논증의 건전성 기준을 만족시킨다. 또한 원래의 러셀의 패러독스나 이발사의 패러독스처럼 시장의 패러독스도 논리적으로 볼 때 전제들의 일부를 부정하지 않는 한 결론을 수용할 수밖에 없는 경우에 해당하는 패러독스이다.

칸토어의 패러독스와 함께 러셀의 패러독스는 집합론과 집합론의 기본개념인 '집합'에 근본적인 심각한 문제점이 도사리고 있다는 것을 보여주는 패러독스이다. 앞에서 본 것처럼 러셀의 패러독스에 따르면 정상적 집합이라는 집합론의 기초적인 요소로부터 모순이 도출되기 때문이다. 따라서 수학이 집합개념과 논리에 근거하여 이루어지는 것이라 할 때 집합 개념에 근본적 문제가 있다는 것을 보여주는 러셀의 패러독스의 발견이 수학이라는 기초학문의 위기를 초래했다고 해도 과언이 아닐 것이다.

러셀의 패러독스가 세상에 알려지기 시작한 시기인 20세기 초부터 러셀의 패러독스는 수학계에 커다란 파장을 불러일으켰다. 러셀의 패러독스에 의해 직격탄을 맞은 대표적인 수학자는 러셀이 자신이 발견한 패러독스를 편지로 알린 독일의 예나에 위치한 대학에서 연구 활동을 하던 수학자이자 논리학자이며 철학자인 프레게(G. Frege)였다.

프레게가 러셀의 패러독스가 실린 편지를 받은 때는 프레게가 자신이 주창한 논리주의를 체계화하는 작업을 마무리하던 시기였다. 논리주의란 산수(Arithmetic)는 논리학의 일부분에 불과하다는 입장에서 산수를 보다 명확한 사고체계인 논리학으로 환원시키려는 움직임이다. 프레게는 1893년에 1부가 발간되고 1903년에 2부가 발간된 『대수의 기본 법칙*Grundgesetze der Arithmetik*』에서 자신의 논리주의를 구현하려 시도한다. 프레게는 1902년에 집합론의 패러독스가 실린 러셀의 편지를 받게 되는데 이때는 그가 자신의 논리주의를 완성한 책이라 할 수 있는 『대수의 기본 법칙』 2부의 출간을 준비하는 중이었다. 러셀의 패러독스를 접한 프레게는 자신의 논리주의로부터 러셀의 패러독스가 도출될 수 있다는 것을 인지하게 된다. 『대수의 기본 법칙』 2부의 부록에서 프레게는 러셀과의 약속대로 러셀의 패러독스를 소개하고 러셀의 패러독스를 접하게 된 소회를 아래처럼 토로하고 있다.

"학문을 하는 연구자에게 자신의 작업이 완수된 후에 자신의 작업의 기초 중 하나가 붕괴될 위기에 쳐하는 것을 겪는 것보다 불행한 일은 없을 것이다."

결국 프레게는 『대수의 기본 법칙』 2부의 출간을 끝으로 논리주의에 대한 연구를 포기하게 된다.

프레게의 논리주의가 러셀의 패러독스에 의해 결정적인 타격을 받게 된 것은 그의 논리주의가 갖고 있는 기본적인 성격 때문이라 할 수 있다. 프레게의 논리주의는 수와 같은 수학적 개념들을 순수 논리학적 개념으로 환원시키는 것과, 수학의 기본 원리들을 논리학으로 환원시켜 수학에서의 증명이 직관에 의존함이 없이 순수하게 논리적인 증명이 되게 하는 두개의 작업으로 구성되어 있다고 할 수 있다. 그런데 이러한 두 가지 작업은 집합론과 집합개념에 의존하여 이루어지고 있다. 프레게는 자신이 제안한 다섯 번째 기본법칙(Basic Law v)에서 술어의 외연에 대한 설명을 집합을 사용하여 수행하고 있다. 또한 그는 수라는 개념을 집합들의 집합으로 설명한다. 한 예로 그의 설명에 따르면 자연수 2는 춘향과 이도령 ({춘향, 이도령})처럼 쌍으로 구성된 집합들의 집합이다. 프레게의 논리주의로부터 러셀의 패러독스가 도출된다는 것은 피할 수 없는 사실일 것이다. 그의 논리주의 체계로 부터는 정상적인 집합들의 집합이 가능하고 러셀의 패러독스는 정상적인 집합들의 집합으로부터 모순이 발생한다는 것이기 때문이다.

집합론과 집합개념과 관련된 러셀의 패러독스의 중요성이 세상에 알려진 이후 집합론을 연구하는 수학자들의 최대 관심은 러셀의 패러독스를 회피하는 방법을 강구하는데 있었다고 해도 과언이 아닐 것 이다. 또한 러셀의 패러독스를 회피하려는 시도는 원래의 집합이론(naive set theory)의 변화 내지 수정을 야기한다. 러셀의 패러독스를 회피하기 위한 방안은 크게 두 가지 형태로 나타난다. 하나는 러셀에 의해 고안된 유형이론(type theory)이고[41] 다른 하나는 집합론을 공리화하여 러셀의 패러독스를 회피하려는 공리적 집합론(axiomatic set theory)이다. 유형이론이란 유형(type)의 계층(hierarchy)을 만들고 각각의 용어들을 오지 하나의 유형에 할당함에 의해 러셀의 역리를 피하려는 시도이다. 예를 들어 대상들에게 유형 0가 할당되었다면 대상들의 속성은 유형 1에, 대상들의 속성들에 대한 속성은 유형 2에 할당하는 식으로 유형의 계층을 만들고 일정한 유형에 속하는 용어들은 오직 바로 아래 유형에 속하는 용어들에게만 적용될 수 있게 하여 "x는 x에 속한다."와 같은 모순을 야기할 수 있는 표현을 불가능하게 하려는 시도이다. 그러나 러셀은 설명력의 한계와 다른 철학적 · 논리적 문제들 때문에 유형이론을 포기하게 되고 현재에는 수학과 논리학, 컴퓨터과학, 인지과학 등에서 다양한 형태의 유형이론들이 사용되고 있다. 1908년에 체르멜로(Ernst Zermelo)에 의해 고안된 공리적 집합론은 집합이론을 공리화하여 러셀의 패러독스를 회피하려는 시도이다. 이후 당대의 수학자들인 프란켈(A. Fraenkel), 스콜렘(T. Skolem)과 체르멜로 자신에 의한 수정을 거쳐 원래의 공리적 집합론은 ZFC라 불리는 공리적 집합론으로 변화하여 현재에 이르고 있다.[42]

7장-거짓말쟁이의 패러독스

거짓말쟁이의 패러독스는 러셀의 패러독스, 제논의 패러독스와 함께 가장 유명한 패러독스 중 하나라 할 수 있다. 이를 보여주는 사례는 신약성서에서도 찾아볼 수 있다. 사도 바오르의 서신으로 알려진 신약성서의 「티토에게 보낸 서간」에는 다음과 같이 거짓말쟁이의 패러독스가 인용되고 있다.

그들 가운데 한사람, 바로 그들의 예언자가 이렇게 말한 적이 있습니다.

"크레타 사람들은 언제나 거짓말쟁이, 고약한 짐승, 게으른 먹보들이다." 이 증언은 참말입니다.

거짓말쟁이의 패러독스는 유명한 동시에 가장 역사가 오래된 패러독스이기도 하다. BC 6세기에 살았던 크레타 사람인 에피메니데스(Epimenides)는[43] "모든 크레타 사람은 거짓말쟁이이다."라고 말했다고 전해지는데 이것이 가장 오래된 거짓말쟁이의 패러독스라 할 수 있다. BC 4세기경에는 메가리안학파(Megarian School of Philosophy)를 만든 유클리드(Euclid)의[44] 제자인 에우블리데스(Eubulides)가 7개의 패러독스를 고안해 냈는데 그 중 하나가 거짓말쟁이의 패러독스이다.[45] 이 후 다양한 형태의 거짓말쟁이의 패러독스가 만들어졌다. 여기서는 이들 중 몇 가지 대표적인 것들만 살펴보겠다.

에피메니데스의 거짓말쟁이의 패러독스

크레타 사람인 a는 아래와 같이 말했다.

(S) 모든 크레타 사람은 거짓말쟁이이다.

거짓말쟁이란 항상 거짓말만 하는 사람을 의미한다면, a가 한 말인 S는 참일 수 없다. 만약 S가 참이라면, 모든 크레타 사람은 거짓말쟁이이므로 크레타 사람인 a가 한 말인 S도 거짓이어야 하기 때문이다.

에피메니데스의 거짓말쟁이의 패러독스는 아래처럼 논증으로 나타낼 수 있다.

A)

1. a는 크레타 사람이다.
2. a는 "(S) 모든 크레타 사람은 거짓말쟁이이다."라고 말했다.
3. 거짓말쟁이란 항상 거짓말만 하는 사람이다. 즉 거짓말쟁이가 한 말은 모두 거짓이다.

4. a가 한말이 참이면 a는 거짓말쟁이이다.

---

a가 한말인 “모든 크레타 사람은 거짓말쟁이이다.”가 참이면 그 말 “모든 크레타 사람은 거짓말쟁이이다.”는 거짓이어야 한다. (a가 한 말인 “모든 크레타 사람은 거짓말쟁이이다.”는 참일 수 없다.)

전제들이 참이면 결론도 반드시 참일 것이므로 A)는 타당한 논증이다. 전제 1과 2는 기본적인 가정이고 3은 ‘거짓말쟁이’라는 개념에 대한 설명에 불과하다. 따라서 전제 1과 2와 3은 모두 실제로 참이라 할 수 있다. 전제 4는 전제 1과 2로부터 연역적으로 도출되는 명제이다. 따라서 A)는 건전한 논증이라 할 수 있다. 결국 에피메니데스의 거짓말쟁이의 패러독스는 참인 전제들로부터, “모든 크레타 사람은 거짓말쟁이다.”라는 문장이 참이면 그 문장은 거짓이라는 바람직하지 못한 결론이 도출되는 경우이다. 그러나 에피메니데스의 패러독스를 거짓말쟁이의 패러독스의 하나로 간주할 수 있는가 하는 데는 의문이 있다. 크레타 사람인 a가 한 말인 거짓말쟁이의 명제인 S는 참이 아니고 일관성 있게 항상 거짓이라고 생각될 수 있고, 또한 나중에 보게 되겠지만 에피메니데스의 패러독스는 다른 전형적인 거짓말쟁이의 패러독스와 그 근본적 성격이 상이한 패러독스이기 때문이다.

많은 사람들은 에피메니데스의 거짓말쟁이의 패러독스의 “모든 크레타 사람은 거짓말쟁이이다.”라는 명제와 에피메니데스가 크레타 사람이라는 사실로부터 모순이 발생하는 것으로 간주하고 있다. 그러나 에피메니데스의 패러독스로부터 모순이 발생한다는 주장은 명백하게 논리적 오류에 기인한 것이다. 한 예로 위키피디아(Wikipidia)의 한국 버전인 위키백과의 에피메니데스의 거짓말쟁이의 패러독스에 대한 설명을 살펴보겠다. 위키백과의 설명에 따르면 "에피메니데스의 역설은 다음과 같은 추론에 따라 모순에 봉착한다.

1. 에피메니데스는 '모든 크레타인은 거짓말쟁이'라고 주장했다.
2. 그의 주장이 맞다고 전제한다면, 모든 크레타인은 거짓말쟁이이다.
3. 그런데 에피메니데스는 크레타인이다.
4. 고로 에피메니데스는 거짓말쟁이이다.
5. 거짓말쟁이의 말은 거짓말이므로, 에피메니데스의 말은 거짓말이다.
6. 에피메니데스의 말이 거짓말이므로, 모든 크레타인 은 거짓말쟁이가 아니다.

위의 추론에서, 2번 항목과 6번 항목은 서로 모순된 내용을 갖지만, 두 항목 모두 올바른 추론에 따라 나온 결과이다."

그러나 이러한 위키백과의 설명은 명백한 오류이다. 2번 항목의 "모든 크레타인은 거짓말쟁이다."와 6번 항목의 "모든 크레타인은 거짓말쟁이가 아니다."로 부터는 모순이 도출된다. a는 크레타 사람이므로 '모든 그레타인은 거짓말쟁이이다.'로부터 'a는 거짓말쟁이이다.'가 도출되고 '모든 크레타인은 거짓말쟁이가 아니다'로부터 'a는 거짓말쟁이가 아니다'가 도출될 것이기 때문이다. 그러나 2번과 6번은 모두 올바른 추론에 따라 나온 결과라는 위키백과의 주장은 명백한 거짓이다. '모든 크레타인은 거짓말쟁이이다.'라는 말이 거짓이라는 것으로부터 우리가 추론할 수 있는 것은 '모든 크레타인은 거짓말쟁이가 아니다'라는 6번 항목이 아니라 "모든 크레타인이 거짓말쟁이인 것은 아니다."에 불과하다, 즉 '모든 크레타인은 거짓말쟁이다.'라는 말이 거짓이라는 것으로부터 추론되는 것은 "적어도 하나의 크레타인은 거짓말쟁이가 아니다."라는 것에 불과하다.

에우불리데스의 거짓말쟁이의 패러독스

한 사람이 자신이 거짓말을 하고 있다고 말했다. 그가 한 이 말은 참인가 거짓인가?

한 사람 a가 "(S) 지금 내가 하는 말은 거짓이다."라고 말했다. 한 문장이 평서문(declarative sentence)의 형태를 취하고 있으면 그 문장은 참이거나 거짓이어야 한다. S는 평서문의 형태를 띠고 있다. 따라서 S는 참이거나 거짓이어야 한다.

S가 참이면, S는 거짓이다. a가 한 말인 "지금 내가 한 말이 거짓이다"가 참이면, S의 내용을 긍정하는 것이므로 지금 a가 한 말인 S가 거짓이어야 하기 때문이다. 또한 S가 거짓이면 지금 a가 하는 말인 S가 거짓이 아니므로 S는 참이어야 한다. 결국 S가 참이면 S는 거짓이고 S가 거짓이면 S가 참이다. 이는 'S가 참인 것은 S가 거짓이기 위한 필요충분조건이다.'라는 문장과 동치이다. 또한 S가 참이 아니면 S는 거짓이고 S가 거짓이 아니면 S는 참이므로 이로부터 S는 참이고 동시에 참이 아니라는 모순이 도출된다.

에우불리데스의 거짓말쟁이의 패러독스는 그 본질적 성격을 그대로 유지하면서 보다 간결하고 명확하게 표현될 수 있다.

간결한 형태의 거짓말쟁이의 패러독스[46)]

(A) 이 문장은 거짓이다.

A는 평서문의 형태를 띠고 있다. 평서문의 진리치는 참과 거짓 둘밖에 없다는 입장에 따라 하나의 평서문이 참이 아니면 그 문장은 거짓이고, 거짓이 아니면 참이다. A가 참이라면 '이 문장은 거짓이다.'가 참이므로 A는 거짓이다. 반면에 A가 거짓이면 '이 문장은 거짓이다.'가 거짓이므로 A는 참이다. 결국 'A가 참인 경우 오직 그 경우에만 A가 거짓이다.(A is true↔A is false)'라는 역설적 결론이 성립하고 이로부터 A는 참이고 참이 아니라는 모순이 도출된다.

앞에서 언급했듯이, 에우불리데스의 거짓말쟁이의 패러독스와 간결한 형태의 거짓말쟁이의 패러독스는 본질적 성격으로 볼 때 동일한 패러독스라 할 수 있다. 따라서 여기서는 간결한 형태의 거짓말쟁이의 패러독스만 살펴보겠다. 간결한 형태의 거짓말쟁이의 패러독스는 아래의 B)처럼 논증으로 표현될 수 있다.

B)

1. A(이 문장은 거짓이다)는 평서문의 형태를 띠고 있다.
2. 평서문의 형태를 가진 문장의 진리치는 참과 거짓 둘밖에 없다. 즉 한 평서문이 참이 아니면 거짓이고, 거

짓이 아니면 참이다. 또한 한 평서문이 참이면 거짓이 아니고 거짓이면 참이 아니다.

3. A가 참이면 A는 거짓이고, A가 거짓이면 A는 참이다.
4. A는 참이고 A는 거짓이다.

A는 참이고 동시에 참이 아니다.

전제들이 모두 참이면 결론도 참일 수밖에 없으므로 B)는 타당한 논증이다. 전제 3은 A를 참이라 가정했을 경우와 거짓이라 가정했을 경우로부터 도출되는 명제이다. 전제 3으로부터 전제 4가 연역적으로 직접 도출되지는 않는다. 그러나 전제 4는 전제 3과 평서문은 참과 거짓의 오직 두 개의 진리치만을 갖는다는 전제 2로부터 도출된다.[47] 즉 전제 4의 도출을 위해서는 평서문은 오직 참과 거짓 두 개의 진리치만을 갖는다는 전제 2가 필수적으로 요구된다. 결론은 전제 4로부터 직접 도출된다. A가 거짓이면 최소한 A는 참이 아닐 것이므로 'A는 참이고 A는 거짓이다'로부터 'A는 참이고 동시에 A는 참이 아니다'가 직접적으로 도출되기 때문이다. 'A는 참이고 동시에 참이 아니다'라는 결론은 모순 명제이다. 즉 간결한 형태의 거짓말쟁이의 패러독스는 타당한 논증의 결론이 논리적 모순인 경우이다. 따라서 만약 B)가 건전한 논증이라면 간결한 형태의 거짓말쟁이의 패러독스는 칸토어의 패러독스나 러셀의 패러독스처럼 참인 전제들로부터 논리적 모순이 연역적으로 귀결되는 패러독스라 할 수 있다.

그렇다면 B)는 건전한 논증인가? B)는 타당한 논증이므로 전제들이 모두 실제로 참이면 B)는 건전한 논증이다. "이 문장은 거짓이다.”라는 문장은 평서문의 형태를 띠고 있다. 따라서 전제 1은 실제로 참이다. 또한 앞에서 보았듯이 전제 3은 A가 참인 경우와 거짓인 경우로부터 도출되는 명제이므로 실제로 참이다. 전제 4는 전제 2와 3으로부터 도출된다. 그러나 주47)에서 볼 수 있듯이, 전제 4의 도출을 위해서는 전제 2가 필수적으로 요구된다. 전제 2는 실제로 참이라할 수 있는가? 전제 2가 실제로 참이 아니라면 전제 중 일부가 실제로 참이 아닌 논증 B)는 건전하지 않고 따라서 간결한 형태의 거짓말쟁이의 패러독스는 2장에서 살펴본 패러독스의 세 가지 경우 중 실제로 참으로 평가된 전제들 중 일부가 실제로 참이 아닌 경우에 해당한다.

평서문의 형태를 가진 모든 문장은 참과 거짓의 두 가지 진리치만을 갖는다는 주장의 타당성 여부는 철학사적으로 논란의 대상이 되어 왔다. 예를 들어 프레게(G. Frege)와 그를 추종하는 철학자들은 주어의 지시체가 없는 “현재의 프랑스의 왕은 대머리이다.”나 불가능한 대상을 언급하는 “둥근 사각형은 둥글고 사각형이다.”와 같은 문장들의 경우 참도 아니고 거짓도 아닌 것으로 취급하고 있다. 이들의 입장을 따른다면 전제 2는 거짓이다. 전제 2가 없이 전제 3만으로는 전제 4의 도출이 불가능하기 때문에 논증 B)에서 전제 2를 배제하면 ‘A는 참이고 동시에 참이 아니다.’라는 모순적 결론은 도출되지 않는다. 한 문장이 참이면 그 문장은 거짓이 아닐 것이고 한 문장이 거짓이면 그 문장은 참이 아닐 것이므로 전제 2가 논증 B)의 전제들에서 제외되면 전제 3으로부터 도출할 수 있는 것은 전제 4가 아니라 아래의 문장 ④이다.

④ A가 참이면 A는 참이 아니고, A가 거짓이면 A는 거짓이 아니다.

"A는 참도 아니고 거짓도 아니다."라는 문장은 ④와 논리적 동치이다. 따라서 ④로부터 "A는 참도 아니고 거짓도 아니다." 라는 명제가 연역적으로 도출된다.[48] 결국 평서문의 형태를 가진 문장의 진리치는 참과 거짓밖에 없다는 입장을 받아들이지 않을 경우 간결한 형태의 거짓말쟁이의 패러독스를 표현한 논증은 B)가 아니라 C)이다.

C)

1. A(이 문장은 거짓이다.)는 평서문의 형태를 띠고 있다.
3. A가 참이면 A는 거짓이고, A가 거짓이면 A는 참이다.
④. A가 참이면 A는 참이 아니고, A가 거짓이면 A는 거짓이 아니다.

A는 참도 아니고 거짓도 아니다.

전제 ④는 전제 3으로부터 직접 도출되고 결론은 전제 ④로부터 연역적으로 도출된 귀결이다. 논란의 여지가 많은 전제 2가 배제되었으므로 C는 건전한 논증이다.

앞에서 보듯이 평서문은 참과 거짓 두 개의 진리치만을 갖는다는 전제 2를 배제하고 간결한 형태의 거짓말쟁이의 패러독스를 논증으로 나타낸 논증 C의 결론은 "A는 참도 아니고 거짓도 아니다."이다. 이 결론은 논리적 모순이 아니다. 또한 '현재 프랑스의 왕은 대머리이다'와 같이 평서문의 형태를 가지고 있는 일부의 문장이 참이나 거짓이 아니라 참도 거짓도 아니라는 제 3의 진리치를 부여해야 한다는 주장이 일정 정도의 설득력을 가지고 있다면 간결한 형태의 거짓말쟁이의 패러독스를 논증으로 나타낸 C)의 결론도 무리 없이 수용될 수 있는 명제이다. '현재 프랑스의 왕은 대머리이다.'라는 문장의 경우 현재 프랑스에는 왕이 없으므로 주어의 지시체가 결여된 문장이다. 따라서 이러한 문장은 의미론적으로 하자가 있는 문장이라 할 수 있다. A에서 주어인 '이 문장'은 자신이 포함되어 있는 '이 문장은 거짓이다.'라는 문장 자체를 지시하고 있으므로 거짓말쟁이의 패러독스의 문장인 A는 자기 지시적이다. 또한 A는 자신이 거짓이라고 주장하고 있는 문장인데, A는 자신이 거짓이라는 것 외에 어떠한 내용도 담고 있지 않은 문장이다. 따라서 A를 명제로 취급할 수 있는지에 대해서도 의문이 있다. 이런 점들을 종합해 보면 거짓말쟁이의 패러독스의 문장인 A는 주어의 지시체가 결여된 문장처럼 의미론적으로 하자가 있거나 최소한 그 구조에 대한 철저한 분석이 필요한 문장이라 할 수 있다. 중요한 것은 거짓말쟁이의 패러독스를 야기하는 A와 같은 문장에 대한 분석을 통해 이러한 문장의 구조와 이러한 문장들이 갖고 있는 의미론적 하자의 근본적 성격을 밝히는 것일 것이다.

거짓말쟁이의 패러독스는 고대에서 현대에 이르기까지 꾸준한 관심과 연구의 대상이었다. 이처럼 많은 사람들의 사랑을 받은 때문인지 호사가들에 의해 다양한 거짓말쟁이의 패러독스의 변형들이 만들어진다. 이들 중 몇 가지만 살펴보겠다.

책의 거짓말쟁이의 패러독스

『패러독스』란 제목의 책 109쪽 10째줄에 아래와 같은 문장이 적혀있다.

S: 『패러독스』의 109쪽 10째 줄에 있는 문장은 거짓이다.

S는 참인가 거짓인가?

세인스버리(R. M. Sainsbury)는 『패러독스*Paradoxes*』란 자신의 책에서 위와 유사한 거짓말쟁이의 패러독스를 소개하고 있다.[49] 거짓말쟁이의 문장 S에서 주어인 '『패러독스』의 109쪽 10째줄'은 문장 S 자체를 지시하고 있다. 따라서 이 패러독스는 간결한 형태의 거짓말쟁이의 패러독스의 경우처럼 문장의 주어가 자신이 속한 문장 전체를 지시하는 자기 지시적인 성격을 가진 문장으로부터 야기되는 패러독스라 할 수 있다.

소플(소크라테스와 플라톤)의 거짓말쟁이의 패러독스

아래와 같이 소크라테스와 플라톤이 대회를 나누었다.

소크라테스: (S) 플라톤이 말한 것은 거짓이다.
플라톤: (P) 소크라테스가 말한 것은 참이다.

P가 참이면 소크라테스가 한 말인 S가 참이어야 하므로 P는 거짓이다. P가 거짓이면 소크라테스가 한 말인 S는 참이 아니어야 하므로 P는 거짓이 아니다. P가 거짓이면 P는 참이 아니므로 P가 참이면 P는 참이 아니고 P가 거짓이면 P는 거짓이 아니다. 따라서 P는 참도 아니고 거짓도 아니다.

문장 S의 주어와 문장 P의 주어가 각기 문장 S와 문장 P 자체를 지시하지 않으므로 소플의 거짓말쟁이의 패러독스는 자기 지시적이 아니다. 그러나 문장 S의 주어는 문장 P를 P의 주어는 문장 S를 지시함에 의해 간접적으로 자신을 지시하므로 S와 P는 순환적으로 자기 지시적이라 할 수 있다. 이 패러독스는 중세의 철학자 장 뷔리당(Jean Buridan)에 의해 고안되었다.[50)]

1913년에 영국의 수학자인 필립 주르데인(Philip Edward Joudain)은 카드를 사용하여 소플의 거짓말쟁이의 패러독스와 매우 유사한 패러독스를 고안해 낸다.

카드의 거짓말쟁이의 패러독스

한 카드의 양면에 아래와 같은 문장이 적혀 있다.

(A) 이 카드의 뒷면에 적힌 주장은 참이다.

(B) 이 카드의 뒷면에 적힌 주장은 거짓이다.

A가 참이면 B가 참이므로 B의 주장에 따라 A는 거짓이다. 또한 A가 거짓이면 B가 거짓이므로 A는 참이다. A가 거짓이면 A는 참이 아니고 A가 참이면 A는 거짓이 아니므로, A가 참이면 A는 참이 아니고 A가 거짓이면 A는 거짓이 아니다. 따라서 A는 참도 아니고 거짓도 아니다.

간결한 거짓말쟁이의 패러독스의 문장인 A에서의 주어인 '이 문장'이 A 자체를 지시하는 것처럼 책의 거짓말쟁이의 패러독스의 역리적 문장인 S에서도 주어가 S 자체를 지시하고 있다. 따라서 앞에서 언급했듯이 책의 거짓말쟁이의 패러독스는 간결한 형태의 거짓말쟁이의 패러독스나 에우블리데스의 거짓말쟁이의 패러독스와 동일한 성격의 패러독스라 할 수 있다. 또한 쉽게 알 수 있듯이 표현형식만 다를 뿐 소플의 거짓말쟁이의 패러독스와 카드의 거짓말쟁이의 패러독스는 본질적으로 동일한 패러독스이다. 따라서 여기서는 소플의 거짓말쟁이의 패러독스만을 살펴보겠다. 소플의 거짓말쟁이의 패러독스는 아래의 D)처럼 논증으로 표현될 수 있다.

D)

1. P가 참이면 P는 거짓이고 P가 거짓이면 P는 거짓이 아니다.
2. P가 거짓이면 P는 참이 아니고 P가 참이면 P는 거짓이 아니다.
3. P가 참이면 P는 참이 아니고 P가 거짓이면 P는 거짓이 아니다.

P는 참도 아니고 거짓도 아니다.

전제들이 모두 참이고 동시에 결론이 거짓일 가능성이 없으므로 D)는 타당한 논증이다.[51] 또한 D)의 전제들은 모두 실제로 참인 것으로 평가된다. 전제 1은 P가 참이라고 가정했을 경우와 거짓이라고 가정했을 경우로부터 도출되는 명제이다. 전제 2는 한 명제가 참이면 그 명제는 최소한 거짓이 아니고 한명제가 거짓이면 그 명제는 최소한 참이 아니라는 자명한 사실을 나타낸 명제이다. 전제 3은 전제 2에 따라 P가 거짓이면 P는 참이 아니므로 전제 1에서 'P는 거짓이고'를 'P는 참이 아니고'로 대체하여 얻어진 명제이다. 따라서 전제 3은 전제 1과 2로부터 연역적으로 도출된 귀결이다. 타당하고 전제들이 실제로 참이므로 논증 D)는 건전한 논증이다.

평서문의 경우에 참과 거짓의 두 가지 진리치밖에 없다는 입장을 수용하지 않은 간결한 형태의 거짓말쟁이의 패러독스를 논증으로 나타낸 논증 C)는 참도 아니고 거짓도 아니라는 제 3의 진리치를 허용하고 있다. 소플의 거짓말쟁이의 패러독스를 논증으로 나타낸 논증 D)의 결론에도 'P는 참도 아니고 거짓도 아니다.'라는 제 3의 진리치가 부여되고 있다. 따라서 간결한 형태의 거짓말쟁이의 패러독스는 자기 지시적이고 소플의 거짓말쟁이의 패러독스는 순환적으로 자기 지시적이라는 점을 제외하면 두 패러독스는 그 근본 성격에서는 동일한 패러독스라 할 수 있다.

앞에서 우리는 평서문은 오직 참과 거짓 두 개의 진리치만을 가진다는 입장을 수용하지 않으면 간결한 형태의 거짓말쟁이의 패러독스와 에우블리데스의 거짓말쟁이의 패러독스와 같은 전형적인 거짓말쟁이의 패러독스들에 '참도 아니고 거짓도 아닌' 제 3의 진리치가 부여될 수 있다는 것을 살펴보았다. 예를 들어 간결한 형태의 거짓말쟁이의 패러독스를 논증으로 나타낸 C)의 결론은 "A(이 문장은 거짓이다)는 참도 아니고 거짓도 아니다." 이다. C)의 결론은 논리적 모순이 아니다. 또한 평서문의 형태를 가진 일부의 문장들에 대해서는 참과 거짓 외에 제 3의 진리치를 부여해야 한다는 주장이 설득력이 있다면 거짓말쟁이의 패러독스의 결론은 무리 없이 수용될 수 있을 것이고 또한 만약 거짓말쟁이의 패러독스의 결론이 무리 없이 수용될 수 있다면 거짓말쟁이의 패러독스는 엄격한 의미에서 볼 때 패러독스로 분류될 수 없을 것이다. 2장에서 보았듯이 패러독스로 평가되기 위해서는 논증으로 나타낸 패러독스의 결론이 명백하게 거짓으로 평가되어 우리의 상식이나 지식에 비추어 수용될 수 없어야 하기 때문이다.

그러나 참과 거짓 외에 참도 거짓도 아닌 제3의 진리치를 인정하는 방식은 거짓말쟁이의 패러독스에 대한 진정한 해결책이라 할 수 없다. 평서문에 제3의 진리치를 부여할 수 있다는 입장을 수용해도 해결되지 않는 거짓말쟁이의 패러독스가 존재하기 때문이다.

강화된 형태의 거짓말쟁이의 패러독스

(S) 이 문장은 참이 아니다.

S가 참이면 '이 문장은 참이 아니다'가 참이므로 S는 참이 아니다. 또한 S가 참이 아니면 '이 문장은 참이 아니다'라는 S의 주장을 긍정하는 것이므로 S는 참이다. 즉 S가 참이면 S는 참이 아니고 S가 참이 아니면 S는 참이다. 앞의 문장은 "'S는 참이다'는 'S는 참이 아니다'를 위한 필요충분조건이다 (S는 참이다↔S는 참이 아니다)"와 논리적 동치이고, "'S는 참이다'는 'S는 참이 아니다'를 위한 필요충분조건이다"는 "S는 참이고 참이 아니다"와 논리적 동치이다. 따라서 S는 참이고 동시에 S는 참이 아니다.

강화된 거짓말쟁이의 패러독스는 아래의 D)처럼 논증으로 표현될 수 있다.

E)

1. S (이 문장은 참이 아니다)가 참이면 S는 참이 아니다.
2. S가 참이 아니면 S는 참이다.
3. (1과 2로부터) 'S는 참이다'와 'S는 참이 아니다'는 논리적 동치이다. (S는 참이다↔S는 참이 아니다)

S는 참이고 참이 아니다.

E)의 결론은 전제들로부터 연역적으로 직접 도출되는 명제이므로 E)는 타당한 논증이다.

전제 1은 S를 참이라고 가정했을 경우로부터 도출되는 명제이고 전제 2는 S를 거짓이라고 가정했을 경우로부터 도출되는 명제이다. 또한 전제 3은 전제 1과 2로부터 연역적으로 도출되는 귀결이다. 따라서 전제들은 모두 실제로 참이고 타당하므로 E)는 건전한 논증이다. 그러나 E)의 결론은 명백한 논리적 모순이다. 논증 E)에서 일부의 평서문에 제3의 진리치를 부여할 수 있다는 입장의 수용 여부는 결론의 도출과 아무런 관련이 없다. 따라서 강화된 형태의 거짓말쟁이의 패러독스는 러셀의 패러독스나 칸토어의 패러독스처럼 실제로 참인 전제들로부터 논리적 모순이 도출되는 대표적이고 전형적인 패러독스이다. 2장에서 우리는 패러독스들은 3가지 경우로 나뉠 수 있다는 것을 보았다. 강화된 형태의 거짓말쟁이의 패러독스는 실제로 참인 전제들로부터 논리적 모순이 도출되는 경우이므로 패러독스의 세 가지 경우 중 세 번째 경우에 해당하는 패러독스이다.

간결한 형태의 거짓말쟁이의 패러독스에서의 역리적 문장은 "이 문장은 거짓이다."이고 강화된 형태의 거짓말쟁이의 패러독스에서 논리적 모순의 결론을 야기한 역리적 문장은 "이 문장은 참이 아니다."이다. 두 문장 모두에서 주어인 '이 문장'은 문장 전체를 지시한다. 따라서 두 패러독스는 모두 자기 지시적이라 할 수 있다. 두 문장 사이의 차이점은 간결한 형태의 경우의 역리적 문장의 술어인 "~는 거짓이다"가 강화된 형태에서는 "~는 참이 아니다"로 대체된 것이고 이러한 차이점이 실제로 참인 전제들로부터 논리적 모순이 도출되는 전형적인 패러독스를 야기한 것이다. 따라서 소플의 거짓말쟁이의 패러독스처럼 직접적으로 자기 지시적이지는 않지만 순환적으로 자기 지시적인 거짓말쟁이의 패러독스도 술어인 "~는 거짓이다"를 "~는 참이 아니다"로 교체하면 강화된 형태로 바꿀 수 있을 것이다.

1978년에 분석철학자 버지(Tyler Burge)는 새로운 형태의 거짓말쟁이의 패러독스를 고안해 낸다.[52] 버지에 의해 고안된 거짓말쟁이의 패러독스는 몇 가지 특징을 가지고 있다. 우선 이 패러독스는 소플의 패러독스나 카드의 패러독스처럼 순환적이지만 이 패러독스에서는 강화된 형태의 거짓말쟁이의 패러독스처럼 실제로 참인 전제들로부터 논리적 모순의 결론이 도출된다. 또한 이 패러독스 에서는 기존의 거짓말쟁이의 패러독스와 달리 양화문장이 사용되었다.

양화문장의 거짓말쟁이의 패러독스

두 사람 a와 b가 아래처럼 말하였다.

(A) (a가 월요일에 한 말): b가 화요일에 할 모든 말은 참이다.

(B) (b가 화요일에 한 말): a가 월요일에 한 어떤 말도 참이 아니다.

a는 월요일에 A외에 어떤 말도 하지 않았고 b도 화요일에 B외에 어떤 말도 하지 않았다. 이 경우 B가 참이면 a가 월요일에 한 어떤 말도 참이 아니므로 A는 참이 아니다. b는 화요일에 B외에 어떤 말도 하지 않았으므로 A가 참이 아니면 B는 참이 아니다. 따라서 B가 참이면 B는 참이 아니다.

또한 B가 참이 아니면 a가 월요일에 한 어떤 말은 참이고 A는 월요일에 A외에 어떤 말도 하지 않았으므로 A는 참이다. A가 참이므로 b가 화요일에 한 모든 말은 참이고 B는 참이다. 따라서 B가 참이 아니면 B는 참이다.

결국 B가 참이면 B는 참이 아니고 B가 참이 아니면 B는 참이므로 B는 참이고 동시에 참이 아니다.

양화문장의 거짓말쟁이의 패러독스는 아래의 F)처럼 논증으로 표현될 수 있다.

F)

1. a는 월요일에 "(A) b가 화요일에 한 모든 말은 참이다"라고 말했고 a는 월요일에 A외에 어떤 말도 하지 않았다.
2. b는 화요일에 "(B) a가 월요일에 한 어떤 말도 참이 아니다"라고 말했고 b는 화요일에 B외에 어떤 말도 하지 않았다.
3. B가 참이면 B는 참이 아니다.
4. B가 참이 아니면 B는 참이다.
5. B가 참인 것은 B가 참이 아니기 위한 필요충분조건이다. (B는 참이다↔B는 참이 아니다.)

B는 참이고 참이 아니다.

전제들이 모두 참이고 결론이 거짓일 가능성이 없으므로 F)는 타당한 논증이다. 또한 전제들은 모두 실제로 참인 것으로 평가된다. 전제 1과 2는 기본적인 가정이다. 전제 3은 B를 참이라 가정했을 경우 전제 1과 2로부터 도출되는 명제이고 전제 4는 B를 참이 아니라고 가정했을 경우 전제 1과 2로부터 도출되는 명제이다. 전제 5는 전제 3과 4로부터 도출되는 연역적 귀결이다. 전제들이 모두 실제로 참이므로 F)는 건전한 논증이다. 그러나 F)의 결론은 논리적 모순이다. 따라서 양화문장의 거짓말쟁이의 패러독스는 앞에서 살펴본 강화된 거짓말쟁이의 패러독스처럼 실제로 참인 전제들로부터 논리적 모순이 도출되는 전형적인 패러독스로서 패러독스의 세 경우 중 세 번째 경우에 해당하는 패러독스이다. a는 b가 한 말을, b는 a가 한 말을 거론하고 있다는 점에서 볼 때 양화문장의 거짓말쟁이의 패러독스는 순환적(circular)이라 할 수 있다. 그러나 양화문장의 거짓말쟁이의 패러독스는 소플의 패러독스나 카드의 패러독스처럼 순환적으로 자기 지시적이라 할 수는 없다. a와 b가 한 말인 A와 B는 1차 술어논리에서 각기 "$(\forall x)(Pax \rightarrow Tx)$"와 "$(\forall x)(Qbx \rightarrow \sim Tx)$"식으로 번역될 수 있는 양화문장이다. 따라서 A와 B는 순환적으로 직접 자신을 지시하는 문장이 아니고 a는 월요일에 A만을 말했고 b는 화요일에 B만을 말했다는 상황적인 여건 때문에 순환적으로 자신을 거론하게된 것이다.

거짓말쟁이의 패러독스는 고대에서 현대에 이르기까지 가장 많은 저명한 철학자들에게 관심의 대상이었던 철학적 문제라고 해도 과언이 아닐 것이다. 일부만 거론해도 고대와 중세에는 아리스토텔레스, 세네카, 토마스 아퀴나스, 윌리엄 오컴 등이 근대와 현대에는 러셀, 타르스키(A. Tarski), 라일(G. Ryle), 크립키(S. Kripke), 프라이어(A. Prior), 맥키(J. L. Mackie) 등이 거짓말쟁이의 패러독스를 연구대상으로 삼은 철학자들이다. 이처럼 거짓말쟁이의 패러독스가 철학자들에게 초미의 관심사가 된 이유는 아래의 사실에서 찾을 수 있을 것이다. '참이다'나 '거짓이다'와 같은 진리술어들은 의미론적으로 가장 중요한 술어라 할 수 있다. 그런데 이러한 진리술어가 사용된 거짓말쟁이의 문장으로부터 논리적 모순이 도출되지만 거짓말쟁이의 패러독스의 문장은 그 자체로는 문법적으로 올바르고 외형상 의미론적으로도 문제가 없어 보인다.

수많은 저명한 철학자들에 의해 거짓말쟁이의 패러독스를 해결하기 위한 방안들이 제시되었다.[53)] 그러나 필자의 생각으로는 거짓말쟁이의 패러독스를 해결하기 위한 어떤 시도도 성공적이라고 할 수는 없을 것으로 보인다. 이들 시도들에서는 거짓말쟁이의 패러독스를 회피하는 방안들이 제시되고 있는데 대부분의 경우 이러한 방안들은 우리의 사고나 언어활동을 제한하는 역할을 하기 때문이다. 한 예로 거짓말쟁이의 패러독스를 해결하기 위한 대표적 시도인 타르스키의 제안을 적용하면 우리가 사용하는 언어는 무한한 계층구조를 갖게 되고 진리술어들은 오직 한 계층 아래의 언어에만 적용되어야 한다.

8장-자기 지시와 괴델

앞에서 살펴본 다양한 패러독스들은 여러 분야에서 지적 사고체계의 형성과 발전에 지대한 영향을 끼쳤다고 할 수 있다. 2장에서 살펴본 대머리의 패러독스는 우리가 일반적으로 흔히 사용하는 많은 용어들은 그 적용범위와 관련하여 애매모호한 성격을 가지고 있다는 것을 극명하게 보여준다면 6장에서 살펴본 제논의 패러독스는 일정한 크기를 가진 선분은 무한히 분할될 수 있다는 사실과 관련된 어려움을 드러낸 것으로 수학에서 기본적이고 중요한 개념들인 '무한'이나 '실수'와 밀접한 관련이 있다는 것이 후에 칸토어에 의해 밝혀진다. 또한 칸토어의 패러독스와 러셀의 패러독스는 수학의 기초라 할 수 있는 집합이라는 개념 속에 논리적 · 철학적 문제점이 내재하고 있다는 것을 보여주었다면 거짓말쟁이의 패러독스는 진리술어의 사용과 관련된 문제점을 드러내 주었고 진리개념에 대한 이해와 설명 그리고 진리론의 이론화에 큰 영향을 주게 된다. 이 장에서는 앞에서 살펴본 다양한 패러독스들처럼 우리의 지적 사고체계의 형성에 직접적으로 영향을 끼치지는 않았지만 앞에서 거론된 중요한 패러독스들과 유사한 성격을 가지고 있는 흥미롭고 중요한 패러독스들에 대해 살펴보겠다.

앞장에서 우리는 거짓말쟁이의 패러독스들의 대부분은 자기 지시적인 성격을 갖고 있다는 것을 보았다. 에우블리데스의 거짓말쟁이의 패러독스와 간결한 형태의 거짓말쟁이의 패러독스, 책의 거짓말쟁이의 패러독스, 강화된 형태의 거짓말쟁이의 패러독스들은 역리적인 문장의 주어가 그 문장 자체를 지시하는 직접적으로 자기 지시적인 경우이다. 반면에 소플의 거짓말쟁이의 패러독스와 카드의 거짓말쟁이의 패러독스들은 순환적으로 자기 지시적인 패러독스들이다. '참이다'나 '거짓이다'와 같은 진리술어가 사용되지 않았으므로 거짓말쟁이의 패러독스로 분류될 수 없는 많은 패러독스들도 자기 지시적인 성격을 가지고 있다.

베리(G. H. Berry)의 패러독스[54]

22보다 작은 수의 글자로 기술될 수 없는 양의 정수들이 있을 것이다. 22보다 작은 수의 글자로 기술될 수 없는 양의 정수들의 집합을 α라 한다면 α의 원소들 중 최소의 수가 있을 것이다. α의 원소들 중 최소의 수를 a라 한다면 a는 "(A) 22보다 적은 수의 글자로 기술될 수 없는 최소의 수"이다. A는 a를 기술한 하나의 표현이다. 그러나 A는 오직 21자로 되어 있다. 따라서 a는 22보다 작은 수의 글자로 기술될 수 없고 동시에 22보다 작은 수의 글자로 기술될 수 있다.

베리의 패러독스는 아래의 A)처럼 논증으로 표현될 수 있다.

A)

1. 22보다 작은 수의 글자로 기술될 수 없는 양의 정수들이 존재한다. 이들의 집합을 α라 하겠다. (α={x: x는 22보다 작은 수의 글자로 기술될 수 없는 양의 정수})
2. α의 원소들 중 최소의 수를 a라 하면 a는 "(A) 22보다 작은 수의 글자로 기술될 수 없는 최소의 수"이다.
3. a는 22보다 작은 수의 글자로 기술될 수 없다.
4. A는 a를 기술한 하나의 표현이고 A에 사용된 글자의 수는 21이다.

---

a는 22보다 작은 수의 글자로 기술될 수 없고 또한 22보다 작은 수의 글자로 기술될 수 있다.

전제들이 모두 참이고 결론이 거짓일 가능성이 없으므로 A)는 타당한 논증이다. 따라서 전제들이 모두 실제로 참이면 A)는 건전한 논증이므로 베리의 패러독스는 실제로 참인 전제들로부터 논리적 모순이 도출되는 전형적인 패러독스로서 2장에서 살펴본 패러독스의 세 가지 경우 중 세 번째에 해당하는 패러독스라 할 수 있다.

그런데 A)의 전제들은 실제로 참인가?[55] 프렌치(J. D. French)나 클락(M. Clark)같은 일부의 철학자들은 A)의 전제들 중 일부는 실제로 참이 아니라고 주장하고 있다.[56] 한 예로 클락은 그의 책에서 22보다 작은 수의 글자로 기술될 수 없는 최소의 수는 존재하지 않는다고 주장하고 있다. 따라서 이들에 따르면 베리의 패러독스는 전제들의 일부가 실제로 참이 아닌 경우이고 패러독스의 세 가지 경우 중 전제들 중 일부가 실제로 참이 아닌 첫 번째 경우에 해당하는 패러독스이다.

앞에서 언급했듯이 거짓말쟁이의 패러독스는 가장 오래되었고 널리 알려진 패러독스이다. 또한 거짓말쟁이의 패러독스는 대중들로부터 가장 사랑받은 패러독스라 할 수 있다. 한 예로 필레타스(Philetas of Cos)는 거짓말쟁이의 패러독스에 몰두한 나머지 일찍 목숨을 잃었다고 전해진다. 많은 사람들에 의해 거짓말쟁이의 패러독스는 지적 게임의 대상으로서도 사랑을 받았던 것으로 보인다. 이를 보여주는 사례는 기본적으로 거짓말쟁이의 패러독스의 성격을 가진 여러 가지 변형된 형태의 패러독스들이 만들어졌다는 사실에서 찾아볼 수 있다.

다리의 패러독스

소크라테스는 힘세고 권한을 가진 관리인 플라톤에 의해 통제되고 있는 다리에 도착하여 플라톤에게 다리를 무사히 건너게 해달라고 부탁했다. 소크라테스의 부탁을 들은 플라톤은 아래와 같이 약속했다.

플라톤: (P) 네가 다음에 하는 말이 참이면 나는 네가 다리를 무사히 건너게 할 것이고, 거짓이면 나는 너를 강물에 던져 넣을 것이다.

이 말을 들은 소크라테스는 아래처럼 대답했다.

소크라테스: (S) 당신은 나를 강물에 던져 넣을 것입니다.

만약 플라톤이 소크라테스를 강물에 던져 넣는다면 S는 참이고, 소크라테스가 다음에 하는 말이 참이면 다리를 무사히 건너게 해줄 것이라는 약속인 P에 따라 소크라테스는 강물에 던져 넣어지지 않을 것이다. 또한 플라톤이 소크라테스를 강물에 던져 넣지 않는다면 S는 거짓이고, 소크라테스가 다음에 하는 말이 거짓이면 소크라테스를 강물에 던져 넣을 것이라는 약속인 P에 따라 소크라테스는 강물에 던져 넣어져야 한다.

따라서 만약 플라톤이 자신의 약속인 P를 지킨다면, 소크라테스가 강물에 던져 넣어지면 소크라테스는 강물에 던져 넣어지지 않고 소크라테스가 강물에 던져 넣어지지 않으면 소크라테스는 강물에 던져 넣어진다.

다리의 패러독스는 생존연대는 확실하지 않지만 14세기에 살

았던 것으로 추정되는 장 뷔리당(Jean Buridan)에 의해 고안되었다.[57)]

산초 판사의 패러독스

한 나라에 큰 강이 있고 이 강을 가로질러 다리가 놓여있다. 또한 다리를 따라 이 강의 양 옆에는 재판소와 교수대가 있는데 이곳의 재판소에서는 다리와 관련된 법인 L에 따라 다리를 건너려는 사람을 재판한다.

(L) 다리를 건너려는 사람은 어디서 무엇을 할 것인지를 신고해야 하는데, 허위신고를 한 자는 강 건너편의 교수대에서 교수형에 처해질 것이고 허위 신고를 하지 않은 자는 교수형에 처해지지 않지만 이곳을 통과할 수 없다.

어느 날 한 사람 a가 다리를 건너려고 아래와 같이 신고했다.

A) 강 건너편 교수대에서 교수형을 당하려고 다리를 건너려한다.

만약 a가 교수형에 처해지지 않는다면 a는 허위신고를 한 것이고 허위신고를 한 자는 교수형에 처해진다는 법 L에 따라 a는 교수형에 처해져야 한다. 또한 a를 교수형에 처한다면 A는 참이므로 a는 허위신고를 한 것이 아니고 a는 교수형에 처해지지 않아야 한다.

따라서 법 L에 따르면, a가 교수형에 처해진다면 a는 교수형에 처해지지 않아야 하고 a가 교수형에 처해지지 않으면 a는 교수형에 처해져야 한다.

이 패러독스는 스페인의 대문호 세르반테스의 소설 『돈 키호테』에서 주인공 돈키호테의 충실한 종인 산초 판사가 바라타리아 섬의 태수가 되었을 때 제기된 문제이다.

유괴범의 패러독스[58]

오래전 한 나라에서 전형적인 악한인 a는 선행으로 주위 사람들에게 칭송을 받는 부호 b의 어린 아들을 유괴하고 b에게 아래와 같은 메모를 남겼다.

(a가 메모에 남긴 말): (A) 만약 네가 너의 아들을 돌려줄지 여부를 알아맞힐 경우 오직 그 경우에만 나는 너의 아들을 너에게 돌려줄 것이다.

이 메모를 접한 부호 b는 a에게 아래처럼 회답했다.

(b가 회답한 말): (B) 당신은 나에게 아들을 돌려주지 않을 것입니다.

만약 a가 b의 아들을 돌려준다면 B는 거짓이고 b는 a가 아들을 돌려줄지 여부를 알아맞히지 못한 것이므로 A에 따라 a는 b의 아들을 돌려주지 않아야 한다. 또한 a가 b의 아들을 돌려주지 않는다면 B는 참이고 b는 a가 아들을 돌려줄지 여부를 알아맞힌 것이므로 A에 따르면 a는 아들을 돌려주어야 한다.

따라서 a가 b에게 남긴 메모에 적힌 약속을 지킨다면, a가 b에게 아들을 돌려주면 a는 b에게 아들을 돌려주지 않아야 하고 a가 b에게 아들을 돌려주지 않으면 a는 b에게 아들을 돌려주어야 한다.

패러독스의 내용을 살펴보면 누구나 쉽게 알 수 있듯이 다리의 패러독스와 산초 판사의 패러독스 그리고 유괴범의 패러독스는 모두 기본적인 성격이나 형식으로 볼 때 동일한 패러독스라 할 수 있다. 따라서 여기서는 다리의 패러독스만 살펴보겠다. 다리의 패러독스는 아래의 B)처럼 논증으로 표현될 수 있다.

B)

1. 플라톤은 소크라테스에게 "(P) 소크라테스가 하는 말이 참이면 소크라테스는 무사히 다리를 건널 것이고 거짓이면 강물에 던져 넣어질 것이다."라고 약속했다.
2. 소크라테스는 "(S) 플라톤은 소크라테스를 강물에 던져 넣을 것이다."라고 말했다.
3. 플라톤의 약속이 지켜질 경우, 소크라테스가 강물에 던져 넣어지면 소크라테스는 강물에 던져 넣어지지 않고 소크라테스가 강물에 던져 넣어지지 않으면 소크라테스는 강물에 던져 넣어진다.
4. 플라톤의 약속이 지켜질 경우, 소크라테스가 강물에 던져 넣어지는 것은 소크라테스가 강물에 던져 넣어지지 않기 위한 필요충분조건이다.

플라톤의 약속이 지켜진다면 소크라테스는 강물에 던져 넣어지고 던져 넣어지지 않는다.

전제들이 모두 참이면 결론도 반드시 참일 것이므로 B)는 타당한 논증이다. 전제 1과 2는 기본적인 가정이고 전제 3은 전제 1과 2 그리고 소크라테스가 강물에 던져 넣어졌을 경우와 던져 넣어지지 않았을 경우로부터 도출되는 명제이다. 전제 4는 전제 3으로부터 직접적으로 도출되는 연역적 귀결이다. 결론은 전제 4로부터 직접 도출되는 명제이다. 'A↔~A'와 'A&~A'는 논리적 동치인 문장형식이므로 결론은 전제 4와 논리적 동치이기 때문이다. 따라서 전제들이 모두 실제로 참이고 타당하므로 논증 B)는 건전한 논증이다. 그러나 논증 B)의 결론은 모순명제가 아니다. B)의 결론은 조건문이고 오직 조건문의 후건이 논리적 거짓일 뿐이기 때문이다. 엄밀히 말해 다리의 패러독스는 패러독스로 간주될 수 없을 것으로 보인다. 다리의 패러독스에 묘사된 상황에서 플라톤이 자신의 약속을 지키려면 논리적 모순이 발생하므로 플라톤이 자신의 약속을 지키는 것이 불가능하고 또한 그럴 의무도 없다. 따라서 산초 판사의 패러독스와 유괴범의 패러독스와 함께 다리의 패러독스는 진정한 의미의 패러독스라기보다는 논리적인 이유로 약속이 지켜질 수 없는 예외적인 경우를 나타낸 것이라 할 수 있다.

6장에서 보았듯이 러셀의 패러독스에서 정상적인 집합들의 집합을 α라 하면 α는 α에 속할 수도 속하지 않을 수도 없다. 러셀의 패러독스와 유사한 형식의 패러독스가 "heterological"이란 용어를 사용하여 그렐링과 넬슨에 의해 고안되었다.

그렐링의 패러독스(Grelling's Paradox)[59]

'헤테로로지칼(heterological)'은 "스스로에게 참이 아닌(자신에게 적용되지 않는)"이란 의미이다. 한 예로 '영어'나 '긴'은 '영어'가 영어로 쓰여 있지 않고 '긴'은 길지 않으므로 '영어'와 '긴'은 헤테로로지칼 하지만 '한글'이나 '짧은' 같은 표현은 자신에게 참이므로 헤테로로지칼 하지 않다.

그렇다면 '헤테로로지칼'은 헤테로로지칼한가?

만약 '헤테로로지칼'이 헤테로로지칼하다면 스스로에게 참이 아니어야(자신에게 적용되지 않아야)하므로 헤테로로지칼 하지 않다. 또한 만약 '헤테로로지칼'이 헤테로로지칼하지 않다면 자신에게 참이어야 (자신에게 적용되어야)하므로 헤테로로지칼하다. 따라서 '헤테로로지칼'이 헤테로로지칼하면 '헤테로로지칼'은 헤테로로지칼하지 않고 '헤테로로자지칼'이 헤테로로지칼하지 않으면 헤테로로지칼하다.

그렐링의 패러독스는 아래의 C)처럼 논증으로 표현될 수 있다.

C)

1. 한 표현 A가 헤테로로지칼하면 A는 자신에게 참이 아니어야(자신에게 적용되지 않아야) 한다.
2. '헤테로로지칼'은 헤테로로지칼하거나 헤테로로지칼하지 않다.
3. '헤테로로지칼'이 헤테러로로지칼하면 자신에게 참이

아니어야하므로 '헤테로로지칼'은 헤테로로지칼하지 않다.

4. '헤테로로지칼'이 헤테로로지칼하지 않다면 자신에게 참이어야하므로 '헤테로로지칼'은 헤테로로지칼하다.
5. '헤테로로지칼'이 헤테로로지칼하면 '헤테로로지칼'은 헤테로로지칼하지 않고 '헤테로로지칼'이 헤테로로지칼하지 않으면 '헤테로로지칼'은 헤테로로지칼하다.

'헤테로로지칼'은 헤테로로지칼하고 헤테로로지칼하지 않다.

전제들이 모두 참이고 결론이 거짓일 가능성이 없으므로 C)는 타당한 논증이다. 전제 1은 '헤테로로지칼'이란 용어에 대한 설명이고 전제 2는 논리적 진실의 명제이다. 전제 3은 '헤테로로지칼'이 헤테로로지칼한 경우로부터 도출되는 명제이고 전제 4는 '헤테로로지칼'이 헤테로로지칼하지 않은 경우로부터 도출되는 명제이다. 또한 전제 5는 전제 3과 4로부터 직접 도출되는 연역적 귀결이고 결론은 전제 5와 논리적 동치이다. 이처럼 C)의 전제들은 실제로 참이라 할 수 있으므로 C)는 건전한 논증이라 할 수 있다. 그러나 C)의 결론은 모순 명제이다. 따라서 그렐링의 패러독스는 실제로 참인 전제들로부터 논리적 모순이 도출되는 패러독스로, 2장에서 살펴본 패러독스의 세 가지 경우 중 세 번째에 속하는 패러독스이다.

그렐링의 패러독스는 그 근본 성격이나 구성형식에서 볼 때 러셀의 패러독스와 매우 유사하다. 러셀의 패러독스에서 모순적인 결론을 이끌어 내는 역할을 하는 집합 α는 자신을 원소로 포함하지 않는 정상적인 집합들의 집합(α={x: x는 집합이다& x∉x})이다. 그렐링의 패러독스에서도 α와 유사한 성격을 가진 집합의 구성이 가능하다. β를 헤테로로지칼한 것들로만 구성된 집합 (β={x: x는 헤테로로지칼하다})이라 하면 헤테로로지칼한 어떤 것도 β의 원소이다. 따라서 β는 '헤테로로지칼'이란 용어에 대한 외연적 정의라고 할 수 있다. 이렇게 보면 그렐링의 패러독스에서의 "'헤테로로지칼'은 헤테로로지칼한가? "라는 질문은 러셀의 패러독스에서 "α는 α에 속하는가?"라는 질문처럼 "β는 β에 속하는가?"라는 질문으로 간주될 수 있을 것이다. 따라서 그렐링의 패러독스는 러셀의 패러독스의 술어 버전이라고 할 수 있다.

커리의 패러독스(Curry's Paradox)[60]

(S) 만약 S가 참이면, 파리는 이탈리아의 수도이다.

자기 지시적인 문장 S를 사용하여 "파리는 이탈리아의 수도이다."라는 결론을 도출할 수 있다. 사실상 S를 사용하여 어떠한 결론도 도출해 낼 수 있다. 예를 들어 '파리는 이탈리아의 수도이고 수도가 아니다'와 같은 모순 명제도 결론으로 도출해 낼 수 있다.

자기지시적인 문장 S를 사용하여 어떠한 명제도 결론으로 도출해 낼 수 있다는 커리의 패러독스에서 역리적인 결론을 도출하는 과정은 아래처럼 논증으로 나타낼 수 있다.

D)

1. ("(S) 만약 S가 참이라면, 파리는 이탈리아의 수도이다."가 참이라고 가정하면) S는 참이다.
2. (전제 1에 의해 S가 참이므로 S가 긍정된 것이고 S에 대한 정의에 따라) 만약 S가 참이면 파리는 이탈리아의 수도이다.
3. (전제 1과 2로부터) 파리는 이탈리아의 수도이다.
4. (S는 참이라는 가정으로부터 '파리는 이탈리아의 수도이다.'를 도출해 냈으므로) 만약 S가 참이면, 파리는 이탈리아의 수도이다.
5. (정의에 따라 '만약 S가 참이면, 파리는 이탈리아의 수도이다'는 S이므로) S는 참이다.
6. (전제 5는 조건문인 전제 4의 전건이므로 전건긍정의 법칙(modus ponens)에 따라) 파리는 이탈리아의 수도이다.
7. "만약 S가 참이면, 파리는 이탈리아의 수도가 아니다."라는 문장을 S`이라 칭하겠다.
8. (S`에 대해서도 1에서 6까지의 과정이 동일하게 적용될 수 있으므로) 파리는 이탈리아의 수도가 아니다.

파리는 이탈리아의 수도이고 수도가 아니다.

전제들이 참이면 결론도 참일 수밖에 없으므로 D)는 타당한 논증이다. 자연연역(Natural Deduction)에서 조건문의 전건을 가정하고 후건을 도출해내는 방식이 조건증명법(Conditional Proof)이다. 전제 1은 조건증명법을 사용해 조건문을 증명하기 위한 가정이다.

전제 2는 S가 참이라는 가정과 S의 정의로부터 도출되는 명제이다. 전제 3은 전제 1의 'S는 참이다'가 전제 2의 전건이므로 전건긍정의 법칙에 따라 도출되었다. 전건인 전제 1(S는 참이다)을 가정하고 후건인 전제 3(파리는 이탈리아의 수도이다)를 도출해 냈으므로 전제 4는 조건 증명에 따른 연역적 귀결이다. 전제 5는 S가 증명되었으므로 S는 참이라는 것을 나타낸 명제이다. 전제 6은 전제 5의 'S는 참이다'가 전제 4의 '만약 S가 참이면, 파리는 이탈리아의 수도이다.'의 전건이므로 전건 긍정의 법칙에 따라 얻어진 명제이다. 전제 7은 기본적인 가정이고 전제 8은 S의 후건은 전제 1에서 6까지의 추론과정에 어떠한 역할도 하지 못하므로 S의 후건은 어떤 문장으로도 대체될 수 있다는 사실로부터 귀결되는 명제이다. 이처럼 전제들을 모두 참이라 할 수 있고 타당하므로 D)는 건전한 논증이다. 따라서 커리의 패러독스는 실제로 참인 전제들로부터 논리적 모순의 결론이 도출되는, 2장에서 본 패러독스의 세 가지 경우 중 세 번째 경우에 해당하는 패러독스이다.

자기 지시적인 문장 S를 사용하면 모순 명제를 포함하여 어떠한 결론도 도출해 낼 수 있다는 커리의 패러독스는 지금까지 살펴본 패러독스들과는 상이한 측면을 가지고 있다. 커리의 패러독스에서 자기 지시적인 문장 S를 사용하면 역리적인 결론이 도출된다는 것을 보이기 위해서는 연역논리의 추론규칙들인 전건 긍정의 법칙이나 조건 증명법이 사용되어야 하기 때문이다.

앞에서 살펴보았듯이 대부분의 거짓말쟁이의 패러독스들은 자기 지시적이고 '참이다'나 '거짓이다'와 같은 진리술어가 사용되고 있다는 특징을 가지고 있다. 커리의 패러독스도 이러한 특징을 공유하고 있다. 커리의 패러독스에서 역리적 문장 S는 전형적으로 자기 지시적인 문장이다. S의 전건인 "만약 S가 참이면"에서의 S는 전체 문장 자체를 지시하고 있기 때문이다. 또한 커리의 패러독스에서 역리적인 문장 S는 '참이면'이라는 진리술어를 사용하고 있다. 따라서 커리의 패러독스는 거짓말쟁이의 패러독스의 특이한 유형으로 간주될 수 있을 것이다.

괴델(K. Gödel)의 "불완전성 정리"의 증명은 20세기 이후 지성사에서 발생한 가장 중요하고 영향력이 큰 사건 중 하나일 것이다. 불완전성 정리의 증명에 의해 수학에 대한 형식적 체계화를 기했던 당시 수학계의 대표적 연구계획인 '힐베르트 프로그램'은 종말을 고하게 되었다. 수학에서만이 아니라 문학과 철학, 예술을 포함하여 지성적 사고를 요하는 문화 영역 전반에 걸쳐 불완전성 정리의 증명은 지대한 영향을 끼쳤다 해도 과언이 아니다. 이처럼 지성사적으로 가장 중요한 사건의 하나인 불완전성 정리의 증명은 자기 지시적인 성격을 가진 거짓말쟁이의 패러독스와 밀접한 관계를 가지고 있다. 어찌 보면 불완전성 정리의 증명에서의 기본적인 발상은 거짓말쟁이의 패러독스에서 나온 것이라 할 수 있다.

괴델은 1930년에 "완전성 정리"의 증명을 1931년에는 "불완전성 정리"의 증명을 발표한다.[61] 괴델이 한 해에 완전성 정리를 그 다음 해에는 불완전성 정리를 증명했다는 것은 전혀 모순되는 일이 아니다. 완전성 정리는 논리적인 형식체계에 대한 것이고 불완전성 정리는 수학의 형식체계에 대한 것으로 그 적용대상이 다르기 때문이다. 완전성이란 한 체계 내에서 논리적으로 참인 명제는 그 체계 내에서 증명가능하고 그 반대도 성립한다는 것이다(⊢ A↔⊨ A). 괴델이 증명한 완전성 정리는 1차 술어논리의 형식체계가 완전하다는 것이다.

1931년에 발표된 "불완전성 정리"의 증명은 "제1 불완전성 정리"와 "제2 불완전성 정리"의 두 부분으로 구성되어 있다. 제1 불완전성 정리는 페아노의 산술 공리계에 적합한 귀납적이고 무모순적인 산술체계 P[62] 내에는 자신도 자신의 부정도 증명가능하지 않은 결정불가능한 명제가 존재한다는 것이고 제2 불완전성 정리는 제1 불완전성 정리로부터 귀결되는 것으로, 산술체계 P가 논리적 일관성이 있다면 P가 논리적 일관성이 있다는 것을 P에서 증명할 수 없다는 것이다. 주지된 사실로 한 체계가 논리적 일관성이 없으면 그 체계로부터는 논리적 모순이 도출되고 어떠한 명제도 그 체계로부터 귀결되는 명제로 정당화될 수 있다. 괴델의 불완전성 정리를 자의적으로 해석한 일부의 문화다원론자들은 불완전성 정리를 자신의 입장을 정당화시키는 도구로 사용하기도 한다. 만약 수학이 논리적 일관성이 있다는 것이 증명될 수 없다면 대표적으로 합리적인 사고체계로 꼽히는 수학이나 논리학 등이 문학이나 신화가 보여주는 개념체계보다 우수한 체계라 할 근거가 없다고 볼 수도 있을 것이기 때문이다. 그러나 이러한 주장은 괴델의 불완전성 정리의 증명을 잘못 해석한 것이다. 괴델의 불완전성 정리가 의미하는 것은 산술을 나타낼 수 있는 수학체계가 논리적 일관성이 있다면(무모순적이라면) 그 체계 자체에서 그 체계가 논리적 일관성이 있다는(무모순적이라는) 것을 증명할 수 없다는 것이지 그 체계가 논리적 일관성이 없을 가능성이 있다는 것을 의미하는 것은 아니기 때문이다.

산술체계 P가 일관성이 있다는 것을 P에서 증명할 수 없는 이유는 P 안에 존재하는, 자신도 자신의 부정도 증명할 수 없는 결정 불가능한 명제 때문이므로, 제2 불완전성 정리는 제1 불완전성 정리에 따른 귀결이라 할 수 있다. 그런데 결정 불가능한 명제들은 괴델에 의해 고안된 기호 식들에 대한 숫자화(Gödel Numbering)에 의해 만들어진 명제이지만, 기본적 성격으로 볼 때, 자신이 증명 불가능 하다는 것을 주장하는 "이 문장은 증명 불가능하다."와 같은 형태의 명제이다. "이 문장은 증명 불가능하다."는 표현은 거짓말쟁이의 패러독스의 문장인 "이 문장은 거짓이다"에서 "거짓이다"를 "증명 불가능하다로 대치한 것이다. 이렇게 볼 때 지성사적으로 지대한 영향력을 행사했고, 문화적으로 가히 혁명적 변화를 야기한 불완전성 정리의 증명은 거짓말쟁이의 패러독스를 수학에서 형식화한 것이라 할 수 있을 것이다.

1) '추론'은 'resonig'을 번역한 것이다. 일부의 논리학 책에서는 논리학의 주된 역할은 올바른 추론과 올바르지 않은 추론을 구분하는데 있다고 주장하고 있다. 그러나 이러한 주장은 적합하지 않은 것으로 보인다. 명제들로부터 다른 명제를 도출해 내는 추론과정은 우리의 의식 속에서 이루어지므로 추론에 대한 연구는 논리학의 영역이라기보다는 심리학이 담당해야 할 것이기 때문이다. I. Copi의 *Introduction to Logic*을 참조하라.

2) 일반적으로 문장(sentence)과 진술(statement), 명제(proposition)의 세 용어는 정확한 구분 없이 사용되고 있다. 그러나 필자는 명제를 '참이나 거짓일 수 있는 문장의 의미'라 규정하여 다른 두 용어와 구별하겠다. "철수야 문을 열어라."와 같은 명령문에서 볼 수 있듯이 많은 문장과 진술들은 참이나 거짓이라는 진리치를 가질 수 없다. 따라서 명제는 문장이나 진술들의 부분집합이라 할 수 있다.
   에이어는 문장과 진술, 명제를 구분하고 명제를 참이나 거짓일 수 있는 진술들의 부분집합이라 규정하고 있다. 따라서 필자의 명제에 대한 규정은 에이어를 따르고 있다고 할 수 있다. A. J. Ayer의 *Language, Truth, and Logic* (London: Collacz, 1936)을 참조하라.

3) 대부분의 논리학 교재에서는 '타당성'과 '개연성'에 대해 3)과 유사한 정의를 하고 있다. 손병홍의 『논리학』(장서원, 2008)을 참조하라.

4) 에세이나 논설문과 같이 일상에서 흔히 접하게 되는 글들에 나타나는 논증들에서는 일반적으로 받아들여지는 사실이거나 설명이 필요 없을 정도로 명백하게 참인 경우 전제들 중 일부가 생략된 경우가 흔히 보인다.
   D'에서도 "그는 몸을 씻거나 씻지 않을 것이다." 라는 전제가 생략된 것으로 보인다. 그러나 D'은 그 자체로 타당한 논증이다. 따라서 앞의 명제가 반드시 전제로 추가될 필요는 없다. 그러나 많은 경우 필요한 전제가 생략된 경우 타당한 논증이 타당하지 않은 것으로 평가될 수 있다.

5) 여기서 "iff"는 "if and only if"를 의미하고 논리학에서 "↔"로 기호화된다. "A↔B"는 A와 B가 논리적 동치라는 것을 의미한다. 'A↔B'가 성립하면 A가 참이면 B도 참이어야하고 A가 거짓이면 B도 거짓이어야 한다. 따라서 'iff'는 용어를 외연적으로 정의하기 위해 사용되었다.

6) 모순명제란 '길동이는 사람이고 사람이 아니다.'처럼 서로 모순 관계에 있는 두 명제로 구성된 연언문을 의미한다.

7) '길동이는 미남이다.'가 참이면 '길동이는 미남이 아니다.'는 거짓일 수밖에 없고 '길동이는 미남이다'가 거짓이면 '길동이는 미남이 아니다.'는 참일 수밖에 없으므로 '길동이는 미남이다'와 '길동이는 미남이 아니다'는 모순관계이다. 이에 반해 '길동이는 미남이다'와 '길동이는 추남이다'는 반대관계이다. 대부분의 남자들이 미남도 아니고 추남도 아닐 것이므로 길동이가 미남이 아니라도 길동이가 반드시 추남인 것은 아니기 때문이다.

8) 가엾은 칠면조의 사례는 러셀(B. Russell)이 자신의 책 *The Problem of Philosophy*에서 언급한 내용을 이야기로 꾸민 것이다. 귀납을 다룬 이 책의 6장에서 러셀은 칠면조가 아닌 목이 비틀린 닭의 예를 들고 있다. B. Russell의 *The Problem of Philosophy* (Oxford Univ. Press)를 참조하라.

9) 자신의 책의 서언에서 세인스버리(R. M. Sainsbury)는 패러독스를 아래처럼 설명하고 있다.

This is what I understand by a paradox: an apparently unacceptable conclusion derived by apparently acceptable reasoning from apparently acceptable premises.

1)은 패러독스에 대한 세인스버리의 설명을 번역한 것이다. R. M. Sainsbury의 *Paradoxes* (Cambridge Univ. Press, 1995)를 참조하라.

10) 대머리의 패러독스는 거짓말쟁이의 패러독스로 유명한 고대의 철학자 에우블리데스(Eubulides)의 작품으로 알려져 있다. 메가리안 학파를 창시한 유클리드의 제자인 에우블리데스는 자신이 고안한 7개의 패러독스로 유명하고 대머리의 패러독스는 이 중 하나이다.

11) 이발관의 패러독스는 실질함언(material implication)과 관련된 패러독스이다. C. L. Dodgson, *Lewis Carroll's Symbolic Logic* (ed. W. W. BartleyⅢ, New York, Clarkson Potter, 1977)을 참조하라.

12) 버틀란드의 상자 패러독스는 저명한 수학자 버틀란드 (J. Bertrand)에 의해 고안되었다. J Bertrand의 *Calculs des Probabilités* (1889)를 참조하라.

13) 일부의 철학자들은 전제 4가 참이라는 것을 전적으로 부정한다. 반면에 다른 일부의 철학자들은 참의 진리지수가 1이라면 전제 4의 진리지수는 1보다 작을 수밖에 없다고 주장하고 있다.

14) '제논'이라는 이름을 가진 다수의 철학자가 있다. 이들 중 패러독스로 유명한 철학자인 제논(Zeno of Elea)과 혼동되는 철학자는 금욕주의자인 제논(Zeno of Citium)이다. 그러나 그는 스토아학파를 창설한 사람으로 패러독스로 유명한 엘리아 학파의 제논보다 후대의 철학자이다. 소크라테스 보다 연장자였던 제논(Zeno of Elea)은 BC 5세기 경(c. 490BC-c. 430BC)에 그리스 남부에 위치한 엘리아에서 주로 활동했고 엘리아 학파를 창설한 파르메니데스의 제자로 알려져 있다.

15) 프로크러스는 AD 4세기경(412-485AD)에 활동했던 철학자이다. 신플라톤주의자 (Neo-Platonist)로 중세철학과 이슬람 사상에 큰 영향을 주었다.

16) '아킬레스와 거북이의 패러독스'의 원 이름은 '아킬레스(Achilles)와 톨토이스(Tortois)의 패러독스'이다. 필자는 편의 상 '톨토이스'를 '거북이'로

번역한 것이다. 아킬레스와 거북이의 패러독스를 위해서는 아래의 책들을 참조하라.

W. C. Salmon, *Zeno's Paradoxes*, Indianapolis, Bobbs-Merrill, 1970; R.M. Sainbury, *Pardoxes*, Cambridge, Cambridge Univ. Press, 1995

17) 이 패러독스는 일정한 선분을 이등분하여 역리적인 결론을 얻어내는 패러독스이므로 'Dichotomy Paradox'로 불리기도 한다. 이 패러독스를 위해서는 W. C. Salmon의 *Space, Time and Motion* (Dickenson Publishing Co., Inc., 1975)를 참조하라.

18) 경주자의 패러독스에서는 출발점인 d0에서 d*까지의 선분을 이등분하고 중간 지점이 인 d1과 결승점인 d*사이를 이등분하는 방식을 계속적으로 적용하여 역리적인 결론을 이끌어내었다. 아래의 논증에서 보듯이 이와 다른 방식으로도 동일한 결론을 얻어낼 수 있다.

1. 경주자가 결승점인 d*에 도달하기위해서는 그는 먼저 d0와 d*의 중간지점인 d1에 도달해야 한다.
2. 경주자가 d1에 도달하기 위해서는 경주자는 d0와 d1의 중간지점인 da에 도달해야 한다.
3. 경주자가 da에 도달하가 위해서는 경주자는 d0와 da의 중간지점인 db에 도달해야 한다.
4. 이러한 과정은 영원히 계속될 것이다.

경주자는 결승점인 d*에 영원히 도달할 수 없다.

19) '화살의 패러독스'는 '궁수의 패러독스(Fletcher's Paradox)'라고도 불린다.

20) 앞에서 본 두 패러독스와 달리 화살의 패러독스는 공간을 분할하는 것이 아니라 시간을 분할하고 있다.

21) 복수성의 패러독스의 다른 형태가 낱알의 패러독스(Paradox of Grain of Millet)이다. 낱알의 패러독스는 한 개의 곡식알이 바닥에 떨어질 때는 아무 소리도 나지 않지만 이들이 수천 개 모인 곡식 덩이가 바닥에 떨어질 때는 소리가 난다는 것을 이용한 패러독스이다. 복수성의 패러독스를 위해서는 W. C. Salmon의 앞의 글과 A. Grünbaum의 *Modern Science and Zeno's Paradoxes* (London: Allen and Unwin, 1968)을 참조하라.

22) 유클리드가 저술한 기하학 책인 『원론 *Element*』에 의하면 점은 부분을 가질 수 없고 선분은 폭을 갖지 않는다. 유클리드 (Euclid)의 『기하학 원론 Element』 (이무현 역, 교우사, 1997)을 참조하라.

23) CarA에서 'Car'은 집합의 농도를 의미하는 'cardinality를 요약한 것이다. 많은 수학책에서는 집합의 농도를 '|'를 사용하여 표현한다. 예를 들어 A가 세 개의 원소들로 구성된 집합이라면 A의 농도가 3이라는 것은 '|A|=3'로 표현된다.

24) 집합을 구성하는 원소들의 수를 셀 때 빠뜨리는 경우가 없이 세는 것을 '전사'라 한다. 반면에 중복하여 세는 경우가 없이 세는 것을 '단사'라 한다. 따라서 빠뜨리거나 중복되는 경우 없이 세는 것을 '전단사' 혹은 '쌍사'라 한다. 여기서의 '1대1 대응' 이란 전단사에 해당한다.

25) '유사패러독스'라 명명한 것들은 패러독스가 아니다. 이 장에서 살펴본 유사패러독스의 결론들은 현대 수학에서 수용되는 명제들이기 때문이다. 그러나 유사패러독스들의 결론들의 대부분은 상식적으로는 수용되기 어려운 명제들이다. 이러한 이유로 이들을 유사패러독스라 명명했다.

26) 칸토어는 '대각선 논법'을 그의 증명에서 자주 사용하고 있다. 칸토어의 '연속체 가설'의 문제는 대각선 논법에 의한 그의 증명에 의해 발생하게 되었다 할 수 있다.

27) 1874년에 칸토어는 '구간 축소법'이라는 방법으로 실수의 농도는 가산농도가 아니라는 것을 증명한다. 대각선 논법에 의한 증명은 1891년에 수행된다.

28) 배리법이란 한 명제 A를 증명하기 위해 A와 모순관계인 'A가 아니다(~A)'를 가정하고 이 가정으로부터 모순을 도출하여 A를 증명하는 방법이다.

29) 1878년에 칸토어는 자연수의 농도인 $\aleph_0$과 실수의 농도인 $\aleph$ 의 사이에 중간농도는 존재하지 않는다는 예상을 발표한다. 이것이 원래의 '연속체 가설'이다.

30) 데데킨트는 칸토어와 동시대에 활약했던 수학자이다. 칸토어 보다 연장자로서 수학에서의 지적 능력이 칸토어보다 뛰어났던 것으로 보인다. 칸토어는 평생 동안 그를 학문적으로 의지했고 그로부터 많은 학문적 조언을 구한다. 평생을 독신으로 살았던 데데킨트는 칸토어가 전정신병원에서 사망하기 이년 전인 1916년에 죽는다.

31) 칸토어도 처음에는 평면상의 점들 전체의 집합의 농도가 선분을 구성하는 점들의 집합의 농도보다 클 것이라 예상했다. 1877년에 평면과 선분의 농도가 같다는 것을 알아낸 후에도 칸토어는 자신이 알아낸 결과를 확신하지 못했던 것으로 보인다. 사실 칸토어의 증명은 옳았지만 평면과 선분은 차원이 다르므로 이 둘 사이에 성립하는 원활한 1대1 대응관계를 쉽게 보일 수는 없다.

32) 1890년에 칸토어는 대각선 논법으로 멱집합의 농도가 원래 집합의 농도보다 크다는 것을 증명한다.

33) 칸토어는 '자연수의 멱집합의 농도는 실수의 집합의 농도와 같을 것인가?'라는 의문을 제기한다. 즉 그는 천국으로 올라가는 무한 사다리에서 $\aleph_1$은 실수의 집합의 농도인 $\aleph$과 동일한가?'라는 의문을 제기한다. 이러한 의문

을 일반화시키면 “$2^{\aleph n}=\aleph n+1$?"이 될 것인데 이것이 소위 ‘일반 연속체 가설’이다. 칸토어는 1884년에 정신병으로 아프기 시작하여 1918년에 정신병원에서 사망하는 데 일반 연속체 가설을 증명하려 몰두한 것이 정신병을 야기한 요인으로 알려져 있다.

34) 순서수와 관련하여 자신의 집합론이 안고 있는 문제점을 밝힌 4년 후인 1889년에 칸토어는 저명한 수학자이자 친구인 데데킨트에게 한 통의 편지를 보내는데 이 편지에 칸토어의 패러독스의 내용이 기술되어 있다. 칸토어는 ‘전 순서수의 집합’과 ‘집합의 집합’과 같은 개념을 수용한 것이 모순을 발생시킨 원인이므로 이러한 집합들은 집합으로 간주되지 말아야 한다고 생각하게 된다.

35) 칸토어의 패러독스와 이와 관련된 논의를 위해서는 아래의 글들을 참조하라. A. W. Moore, *The Infinite*, London and New York, Routledge, 1990; P. Halmos, *Naive set theory*, Princeton, Princeton Univ. Press, 1960; T. Foster, *Set Theory with a Universal Set*, Oxford, Clarendon Press, 1995.

36) 『대수의 기본법칙』의 1부는 1893년에 2부는 1903년에 발간된다. 논리주의를 구현하려 시도한 이 책을 마무리할 즈음인 1902년에 프레게는 러셀의 집합과 관련된 패러독스가 실린 러셀의 편지를 받게 되고 결국 논리주의를 구현하려던 그의 시도는 이 책의 2부로 끝나게 된다. G. Frege, *Grundgesetze der Arithmetik,* Jena: Verlag, Herman Pohle.

37) 이후 러셀은 유형이론 등으로 자신이 만들어낸 집합과 관련된 패러독스를 해결하려 시도한다. 역설적이게도 러셀은 자신의 스승이라 할 수 있는 화이트헤드와 함께 프레게가 포기한 논리주의를 그의 책 *Principia Mathematica*에서 구현하려 시도한다. B. Russell & A. N. Whitehead, *Principia Mathematica*, Cambridge, Cambridge Univ. Press, 1910-13.

38) 대부분의 집합은 자신을 원소로 포함하지 않는 정상적 집합이다. 그러나 일부의 집합들은 A처럼 비정상적인 집합이다. 한 예로 아래의 집합 B는 비정상적이다.

B={x: x는 추상적이다.}

추상적인 것들의 모임인 B도 추상적일 것이므로 B는 B의 원소이어야 한다.

39) 러셀의 패러독스와 이와 관련된 논의를 위해서는 아래의 글들을 참조하라. G. Boolos, *Logic, Logic and Logic,* Cambridge, Mass., Harvard Univ. Press. 1995; P, Benacerraf and H. Putnam, eds., *Philosophy of Mathematics*, 1983; M. Dummett, *The Seas of Language*, Oxford, Clarendon Press, 1993; S. Read, *Thinking about Logic: An Introduction to the Phikosophy of Logic*, Oxford, Oxford Univ.

Press, 1994; M. Potter, *Set Theory and its Philosophy*, Calrendon Press,2004; M. Livio, *Is God a Mathematician?*, New York, Simon and Schuster, 2009.

40) 러셀의 패러독스의 한 유형인 이발사의 패러독스는 러셀 자신에 의해 만들어 졌다. B. Russell의 *Introduction to Mathematical Philosophy* (London: George Allen & Unwin, 1919.)를 참조하라

41) 유형 이론과 이와 관련된 논의를 위해서는 아래의 글들을 참조하라. W. Farmer, "The Seven Virtues of simple type theory", *Journal of Applied Logic* Vol. 6, No. 3, 2008; A. Tarski, *Introduction to Logic and to the Methodology of Deductive Science*, Dover Publications Inc., 1995; F. P. Ramsey, "The Foundations of Mathematics", *Proceedings of the London Mathematical Society*, Series 225, 1926; K. Gődel, *Kurt Gődel: Collected Works: Volume II Publications 1938-1974*, Oxford Univ. Press; A. Church, "A Foundation of the Simple theory of Types", *Journal of Symbolic Logic* 5, 1940; J. Collins, *A History of the Theory of Types: Development after the Second Edition of Principia Mathematica*, Lap Lambert Academic Publishing, 2012; B. Russell, *The Principles of Mathematics*, Cambridge, Cambridge Univ. Press, 1903; L. Wittgenstein, *Major Works: Selected Writings*, New York, Harper-Collins, 2009: L. Wittgenstein, *Tractatus Logico-Philosophicus*, 1922.

42) 공리적 집합론과 이와 관련된 논의를 위해서는 아래의 글들을 참조하라, A Abian, *The Theory of Sets and Transfinite Arithematic*, W. B. Saunder,1965; K. Devlin, *The Joy of Sets*, Springer, 1996; H. Ebbinghaus, *Ernst Zermelo: An Approach to his Life and Work*, Springer, 2007; W. Hatcher, *Mathematics*, Pergamon Press, 1982; P. Hinman, *Fundamentals of Mathematical Logic*, AK Peters, 2005; T. Tech, *Set Theory : The Third Millenium Edition, Revised and Expanded*, Springer, 2003; K. Kunen, *Set Theory: An Introduction to Independence Proofs*, Elsevier, 1980; M, Tiles, *The Philosophy of Set Theory*, Dover, 2004; P. Suppes, *Axiomatic Set Theory*, Dover reprint, 1972: G. Tourlakis, *Lecture in Logic and Set Theory*, Vol.2, Cambridge Univ. Press, 2003.

43) BC 6세기나 7세기경에 살았던 것으로 알려진 크레타 출신인 에피메니데스는 예언가이자 시인철학자로서 신화적인 인물로 묘사되고 있다. 몇 편의 시와 산문이 그의 작품으로 알려져 있다.

44) 메가라의 유클리드를 유클리드기하학의 창시자와 혼동하는 경우가 많다. 유클리드 기하학으로 유명한 사람은 알렉산드리아의 유클리드이다. 메가라의 유클리드는 소크라테스의 제자로서 소크라테스의 죽음을 지켰던 철학자이다.

45) 에우블리데스가 고안한 7 개의 패러독스는 다음과 같다. 1. 거짓말쟁이의 패러독스, 2. 마스크를 쓴 사람(masked man)의 패러독스. 3. 엘렉트라(Electra) 패러독스. 4. 간과된(overlooked) 남자의 패러독스. 5. 더미(heap) 패러독스. 5. 대머리의 패러독스. 7. 뿔(horn)의 패러독스.

46) 간결한 형태의 거짓말쟁이의 패러독스가 거짓말쟁이의 패러독스의 근본 성격을 가장 간결하고 명확하게 드러낸 형태라 할 수 있고 거짓말쟁이의 패러독스의 전형으로 자주 인용되고 있다.

47) 'A는 참이다'를 P로 'A는 거짓이다'를 Q로 기호화하면 전제 3은 '(P→Q)&(Q→P)'로 전제 4는 'P&Q'로 번역된다. (P→Q)&(Q→P)를 전제로 P&Q를 결론으로 한 아래의 논증은 타당하지 않다.

(P→Q)&(Q→P)

P&Q

P와 Q가 모두 거짓일 경우 전제는 참인 반면에 결론은 거짓이기 때문이다. 전제3과 전제2로 부터는 전제 4가 연역적으로 도출된다.

①	A는 참이 아니다.
②	A는 거짓이다.
③	A는 참이다.

A는 참이다.

A는 거짓이 아니다.
A는 참이다
A는 거짓이다.

A는 거짓이다.

'A는 참이다' 와 'A는 거짓이다'를 도출하기위해 귀류법(Reductio Ad Absurdum)을 사용하면 ①은 결론의 부정을 가정한 것이고 ②는 논증 B)의 전제 2에 따라 평서문의 진리치는 참과 거짓뿐이므로 A가 참이 아니면 A는 거짓이고 A가 거짓이 아니면 A는 참이어야 한다는 사실로부터 도출된 귀결이다. ③은 논증 B)의 전제 3과 ②로부터 연역적으로 도출된다.

48) 아래에서 볼 수 있듯이'A가 참이면 A는 참이 아니고 A가 거짓이면 A는 거짓이 아니다'로부터 'A는 참도 거짓도 아니다'가 연역적으로 도출된다.

① (TA→~TA)&(FA→~FA)

② TA

③ TA→~TA

④ ~TA

⑤ ~TA

⑥ FA

⑦ FA→~FA

⑧ ~FA

⑨ ~FA

⑩ ~TA&~FA

TA는 'A는 참이다.'를 FA는 'A는 거짓이다.'를 나타낸다. ②와 ⑥에서 각기 귀류법을 사용하기위하여 ~TA와 ~FA의 부정을 가정하고 ⑤와 ⑨에 연언법칙(Conjunction)을 사용하여 ⑩을 도출했다.

49) R. M. Sainsbury의 *Paradoxes* (Cambridge Univ. Press, 1995)의 5장을 참조하라.

50) 장 뷔리당은 14세기에 프랑스에서 활동했던 성직자로서 철학과 물리학에 정통했던 것으로 알려져 있다. '관성' 개념에 이론적 기초가 된 '운동력(impetus)'에 관한 이론을 확립한 사람이다.

51) 주 48에서 볼 수 있듯이 D)의 전제 3으로부터 결론이 연역적으로 도출된다.

52) T. Burge의 "Buridan and Epistemic Paradox"(*Philosophical Studies 34*, 1978)을 참조하라.

53) 거짓말쟁이의 패러독스와 이와 관련된 논의를 위해서는 아래의 글들을 참조하라. K. R. Popper, "Self-reference and Meaning in Ordinary Language", *Mind* 63, 1954; R. M. Smullyan, "Language in Which Self-reference is Possible", *Journal of Symbolic Logic* 22, 1957; B. Skyrms, "Return of The Liar: Three Valued Logic and The Concept of Truth" *American Philosophical Quarterly* 7, 1970; D. A. Vochvar, "On a Three-valued Logical Calculus and its Application to The Analysis of Contradictories", *Matematiceskij sbornik* 4, 1939; Y. Bar-Hillel, "New Light on The Liar", *Analysis* 18, 1957; A. N. Prior, "Epimenides The Cretan", *Journal of Symbolic Logic* 23, 1958; W. C. Kneale, "Russell's Paradox and Some Others". *British Journal for The Philosophy of Science* 22, 1971; S. Kripke, "Outline of a Theory of Truth", *Journal of Philosophy* 72, 1975; B. Russell, *Logic and Knowledge*, Allen and Unwin, 1956; A. Tarski, "The Semantic

Conception of Truth", *Philosophy and Phenomenological Research* 4, 1944; A. Tarski, *Logic, Semantics and Metamathematics,* Oxford Univ. Press, 1956; I. Copi, *The Theory of Logical Types,* Routledge and Kegan Paul, 1971; S. Haack, *Philosophy of Logic,* Cambridge Univ. Press, 1978; J. L. Mackie, *Truth, Probability and Paradox,* Oxford Univ. Press. 1973.

54) 도서관의 직원이었던 베리에 의해 고안된 것으로 알려진 베리의 패러독스는 1906년에 러셀에 의해 처음으로 문자화되어 소개되었다. 베리의 패러독스와 이와 관련된 논의를 위해서는 아래의 글들을 참조하라. C. H. Bennett, "On Random and Hard-to-describe Numbers", *IBM Report RC7483,* 1979; G Boolos, "A New Proof of the Gődel Incompleteness Theorem", *Notice of the American Mathematical Society 36,* 1989; G. Chaitia, "The Berry's Paradox", *Complexity* 1, 1995; B. Russell., "Les paradoxes de la logique" *Revue de métaphysique de morale* 14, 1906.

55) 논증 A)의 전제들의 집합은 논리적 일관성이 없다. 전제 4로부터 "a는 22보다 적은 수의 글자로 기술될 수 있다"가 도출되고 이 문장은 전제3과 모순관계에 있기 때문이다. 따라서 논증 A)는 건전한 논증이 아니다.

56) 이를 위해서는 아래의 글들을 참조하라. J. D. French, "The False Assumption Underlying Berry''s Paradox", *Journal of Symbolic Logic* 53, 1988; M. Clark, *Paradoxes from a to z,* Routledge, 2002.

57) 다리의 패러독스는 중세말의 대표적인 철학자 장 뷔리당이 저술한 책인 *Sophismata*에 수록된 17번째 궤변(sophism)이다. 다리의 패러독스와 이와 관련된 논의를 위해서는 아래의 글들을 참조하라. J. Buridan, *Sophismata,* translated in *John Buridan on Self-Reference,* ed. and trans. G. E. Huges, Cambridge Univ. Press, 1982; D. Jacquette, "Buridan's Bridge", *Philosophy* 66, 1991; J. W. Ulatowski, "A Conscientious Resolution of the Action Paradox on Buridan's Bridge", *Southwest Philosophical Studies* 25, 2223.

58) 요시나가 요시마사의 『괴델 불완전성 정리』(임승원 역, 전파과학사, 1992)를 참조하라.

59) 그렐링의 패러독스는 1908년에 그렐링(Kurt Grelling)과 넬슨(L. Nelson)에 의해 고안되었다. 그렐링의 패러독스와 이와 관련된 논의를 위해서는 아래의 글들을 참조하라. K. Grelling & L. Nelson, "Bermerkugen zu den Paradoxien von Russell und Burali-Forti", *Abhandungen der Friesshen Schule* 2, 1908; R. L. Martin, "On Grelling's Paradox", *Philosophical Review* Vol. 77, 1968; F. P. Ramsey, "The Foundation of Mathematics", *Proceeding of the London Mathematical society* 2, 1926; V. Peckhaus, "Paradoxes in Gőttingen" in G. Link, *One Hundred Years of Russell's Paradox:*

Mathematics, Logic, Philosophy, Berlin: Walter de Gruyter, 2004.

60) G. Boolos and R. Jeffrey, *Computability and Logic*, 3rd edn, Cambridge, Cambridge Univ. Press, 1989; J. Barwise and J. Etchemendy, *The Liar: An Essay on Truth and Circularity*, New York: Oxford Univ. Press, 1987; S. C. Kleene and J. B. Rosser, "The Inconsistency of Certain Formal Logic", *Analysis of Mathematics* 36, 1935; H. B. Curry, "The Paradox of Kleene and Rosser", *Transaction of the American Mathematical Society* 50, 1941.

61) 1931년에 작성된 '불완전성 정리'를 증명한 논문은 매우 전문적이고 난해하다. 그러나 불완전성 정리의 중요성 때문에 전문 학자들에 의해 이와 관련된 많은 책들과 논문들이 생산되었다. 이 중 몇 가지 만 열거하겠다. S. Feferman (ed.), *Kurt Gődel Collected Works*, Oxford Univ. Press, 1986-95; S. Hawking (ed.), *God Created The Integers: The Mathematical Breakthrough That Changed History*, Philadelphia, Running Press, 2005; M. Davis (ed.), *The Undecidable: Basic Papers on Undecidable Propositions, Un solvable Problems and Computable Functions*, New York, Raven Press, 1965; J. Barwise (ed.), *Handbook of Mathematical Logic*, North-Holland, 1982; F. Berto, *There's Something about Gődel: The Complete Guide to the Incompleteness Theorem*, John Wiley and Son, 2010; H. Wang, *A Logical Journey: From Gődel to Philosophy*, MIT Press, 1997..

62) 여기서 'P'는 러셀과 화이트헤드가 수행했던 논리주의를 집대성한 『프린키피아 마테마티카 *Prinkipia Mathematica*』의 산술체계에 페아노의 공리계를 부여한 형식체계를 뜻한다.

참고문헌

데이비드 벌린스키(D. Berlinski), 『수학의 역사 Infinite Ascent: A Short History of Mathematics』, 김하락, 류주환 역, 을유문화사, 2014.

손병홍, 『논리학』, 장서원, 2008.

요시나가 요시마사, 『괴델 불완전성 정리』,임승원 역, 전파과학사, 1992.

유클리드(Euclid), 『기하학 원론』, 이무현 역, 교우사, 1997.

Abian, A., *The Theory of Sets and Transfinite Arithematic*, W. B. Saunder,1965.

Ayer, A. J., *Language, Truth, and Logic*, London: Collacz, 1936.

Bar-Hillel, Y., "New Light on The Liar", *Analysis* 18,

1957.

Barwise, J. (ed.), *Handbook of Mathematical Logic*, North-Holland, 1982.

Barwise, J. and J. Etchemendy, *The Liar: An Essay on Truth and Circularity*, New York: Oxford Univ. Press, 1987.

Benacerraf, P. and H. Putnam, eds., *Philosophy of Mathematics*, 1983.

Bennett, C. H., "On Random and Hard-to-describe Numbers", *IBM Report RC7483*, 1979.

Berto, F., *There's Something about Gődel: The Complete Guide to the Incompleteness Theorem*, John Wiley and Son, 2010.

Bertrand, J., *Calculs des Probabilités*, 1889.

Boolos, G., "A New Proof of the Gődel Incompleteness Theorem", *Notice of the American Mathematical Society* 36, 1989.

Boolos, G. and R. *Jeffrey, Computability and Logic*, 3rd edn, Cambridge, Cambridge Univ. Press, 1989.

Boolos, G., *Logic, Logic and Logic*, Cambridge, Mass., Harvard Univ. Press. 1995.

Burge, T., "Buridan and Epistemic Paradox", *Philosophical Studies* 34, 1978.

Buridan, J., *Sophismata*, translated in *John Buridan on Self-Reference*, ed. and trans. G. E. Huges, Cambridge Univ. Press, 1982.

Chaitia, G., "The Berry's Paradox", *Complexity* 1, 1995.

Church, A., "A Foundation of the Simple Theory of Types", *Journal of Symbolic Logic* 5, 1940.

Collins, J., *A History of the Theory of Types: Development after the Second Edition of Principia Mathematica*, Lap Lambert Academic Publishing, 2012.

Copi, I., *The Theory of Logical Types*, Routledge and Kegan Paul, 1971.

______ *Introduction to Logic,* Macmillan, 1986.

Curry, H. B., "The Paradox of Kleene and Rosser", *Transaction of the American Mathematical Society* 50, 1941.

Davis, M. (ed.), *The Undecidable: Basic Papers on Undecidable Propositions, Unsolvable Problems and Computable Functions*, New York, Raven Press, 1965.

Devlin, K., *The Joy of Sets,* Springer, 1996.

Dodgson, C. L., *Lewis Carroll's Symbolic Logic,* ed. W. W. Bartley Ⅲ, New York, Clarkson Potter, 1977.

Dummett, M., *The Seas of Language*, Oxford, Clarendon Press, 1993.

Ebbinghaus, H., *Ernst Zermelo: An Approach to his Life and Work*, Springer, 2007.

Farmer, W., "The Seven Virtues of Simple Type Theory", *Journal of Applied Logic* Vol. 6, No. 3, 2008.

Feferman, S. (ed.), *Kurt Gődel Collected Works*, Oxford Univ. Press, 1986-95.

Foster, T., *Set Theory with a Universal Set*, Oxford, Clarendon Press, 1995.

Frege, G., *Grundgesetze der Arithmetik*, Jena: Verlag, Herman Pohle, 1893(vol. 1), 1903(vol. 2).

Gődel, K., *Kurt Gődel: Collected Works: Volume II Publications* 1938-1974, Oxford Univ. Press.

Grelling, K. & L. Nelson, "Bermerkugen zu den Paradoxien von Russell und Burali-Forti", *Abhandungen der Fries'shen Schule* 2, 1908.

Grünbaum, A., *Modern Science and Zeno's Paradoxes*, London: Allen and Unwin, 1968.

Haack, S., *Philosophy of Logic*, Cambridge Univ. Press, 1978.

Halmos, P., *Naive set theory*, Princeton, Princeton Univ. Press, 1960.

Hatcher, W., *Mathematics*, Pergamon Press, 1982.

Hawking, S. (ed.), *God Created The Integers: The Mathematical Breakthrough That Changed History*, Philadelphia, Running Press, 2005.

Hinman, P., *Fundamentals of Mathematical Logic*, AK Peters, 2005.

Huges, G. E. (ed. and trans,), *John Buridan on Self-Reference*, Cambridge Univ. Press, 1982.

Jacquette, D., "Buridan's Bridge", *Philosophy* 66, 1991.

Kleene, S. C. and J. B. Rosser, "The Inconsistency of Certain Formal Logic", *Analysis of Mathematics* 36,

1935.

Kneale, W.C., " Russell's Paradox and Some Others". *British Journal for The Philosophy of Science* 22, 1971.

Kripke, S., "Outline of a Theory of Truth", *Journal of Philosophy* 72, 1975.

Kunen, K., *Set Theory: An Introduction to Independence Proofs,* Elsevier, 1980.

Link, G., *One Hundred Years of Russell"s Paradox: Mathematics, Logic, Philosophy*, Berlin: Walter de Gruyter, 2004.

Livio, M., *Is God a Mathematician?*, New York, Simon and Schuster, 2009.

Mackie, J. L., *Truth, Probability and Paradox*, Oxford Univ. Press. 1973.

Martin, R. L., "On Grelling's Paradox", *Philosophical Review* Vol. 77, 1968.

Moore, A. W., *The Infinite*, London and New York, Routledge, 1990.

Peckhaus, V., "Paradoxes in Gőttingen" in G. Link, *One Hundred Years of Russell"s Paradox: Mathematics, Logic, Philosophy*, Berlin: Walter de Gruyter, 2004.

Popper, K. R., "Self-reference and Meaning in Ordinary Language", *Mind* 63, 1954.

Potter, M., *Set Theory and its Philosophy*, Clarendon Press. 2004.

Prior, A. N., "Epimenides The Cretan", *Journal of Symbolic Logic* 23, 1958.

Ramsey, F. P., "The Foundation of Mathematics", *Proceeding of the London Mathematical society* 2, 1926.

Read, S., *Thinking about Logic: An Introduction to the Philosophy of Logic*, Oxford, Oxford Univ, Press, 1994.

Russell, B., *The Principles of Mathematics*, Cambridge, Cambridge Univ. Press, 1903.

_________ "Les paradoxes de la logique" *Revue de métaphysique de morale* 14, 1906.

Russell, B. & A. N. Whitehead, *Principia Mathematica,* Cambridge, Cambridge Univ. Press, 1910-13.

Russell, B., *Introduction to Mathematical Philosophy*, London: George Allen & Unwin, 1919.

_________ *Logic and Knowledge*, Allen and Unwin, 1956.

_________ *The Problem of Philosophy*, Oxford Univ. Press, 1980.

Sainsbury, R. M., *Paradoxes*, Cambridge Univ. Press, 1995.

Salmon, W. C., *Zeno's Paradoxes*, Indianapolis, Bobbs-Merrill, 1970.

_________ *Space, Time and Motion*, Dickenson Publishing Co., Inc., 1975..

Skyrms, B., "Return of The Liar: Three Valued Logic and The Concept of Truth", *American Philosophical Quarterly* 7, 1970.

Smullyan, R. M., "Language in Which Self-reference is Possible", *Journal of Symbolic Logic* 22, 1957.

Suppes, P., *Axiomatic Set Theory*, Dover reprint, 1972:

Tarski, A., " The Semantic Conception of Truth", *Philosophy and Phenomenological Research* 4, 1944.

__________ *Logic, Semantics and Metamathematics,* Oxford Univ. Press, 1956.

__________ *Introduction to Logic and to the Methodology of Deductive Science*, Dover Publications Inc., 1995.

Tech, T., *Set Theory : The Third Millenium Edition, Revised and Expanded,* Springer, 2003.

Tiles, M., *The Philosophy of Set Theory*, Dover, 2004.

Tourlakis, G., *Lecture in Logic and Set Theory*, Vol.2, Cambridge Univ. Press, 2003.

Ulatowski, J. W., "A Conscientious Resolution of the Action Paradox on Buridan's Bridge", *Southwest Philosophical Studies* 25, 2003.

Vochvar, D. A., "On a Three-valued Logical Calculus and its Application to The Analysis of Contradictories", *Matematiceskij sbornik* 4, 1939.

Wang, H., *A Logical Journey: From Gődel to Philosophy*, MIT press, 1997..

Wittgenstein, L., *Major Works: Selected Writings,* New York, Harper-Collins, 2009.

__________ *Tractatus Logico-Philosophicus,* 1922.

지은이

손병홍

일리노이 주립대학교(University of Lilinois at Chicago)에서 양상논리의 의미론에 대한 연구로 철학박사 학위를 취득했다.

주된 저서로는 「기초논리학」, 「논리학」, 「과학적 지식과 인간다운 삶」, 「가능 세계의 철학」, 「타나톨로지, 죽는다는 것」 등이 있고,

주된 역서로는 「죽는 철학자의 3일간 대화」, 「위대한 철학자들」 등이 있으며,

주된 논문은 "Philosophical lssues in Modal Logic", "헤세이티스틱 양상현실론", "통세계적 동일성 문제에 대한 고찰" 등이 있다.

한국논리학회 회장과 한국분석철학회 회장 등을 역임 했으며, 현재 한림대학교 인문대학 철학과 교수로 재직 중이다.

패러독스란 무엇인가?

첫판 1쇄 2014년 10월 7일

지은이 손병홍

펴낸이 장석홍

펴낸곳 도서출판 장서원

140-160 서울 용산구 남영동 7-1(201호)

전화 703-5362 팩스 797-5362

등록 제 03-01213호

shjang1011@ hanmail.net

정가 15,000원